WEIHNACHTE KIMMT IMMER SO SCHNELL!

ULRIKE NERADT

WEIHNACHTE KIMMT IMMER SO SCHNELL!

LEINPFAD

VERLAG

Für meinen Mann Fritz und
meine Schulfreundin Heidi

© Leinpfad Verlag
Winter 2011

Umschlag: kosa-design, Ingelheim
Layout: Leinpfad Verlag, Ingelheim
Druck: Wolf print, Ingelheim

Leinpfad Verlag, Leinpfad 5, 55218 Ingelheim,
Tel. 06132/8369, Fax: 896951
E-Mail: info@leinpfadverlag.de
www.leinpfadverlag.com

ISBN 978-3-942291-13-2

INHALT:

VORWEIHNACHTSTRUBEL FRIEHER UND HEUT

Weihnachte is nit mehr so wie frieher.

Weihnachte, des war for uns Kinner wochelang immer en Ereichnis, was am erste Advent noch in weiter Ferne lag. Des fing schon dodemit aa, wann mer nur an den Weihnachtsbaum gedacht hot.

Wie oft habbe mir mit de Mutter in de Adventszeit Plätzjer gebacke, Blech for Blech. Haselnüss geraspelt, Eiweiße geschlaache, Deich geriehrt, dann ausgewelchert un in Zucker gewanselt un endlich mit verschiedene Forme die köstliche Süßigkeite ausgestoche. Alsemol konnte mers nit abwarte, habbe de Deich roh gesse un nadierlich aach Bauchweh krieht.

Un endlich kame die erste Plätzjer aus em Ofe, an dene mir uns mit großer Regelmäßigkeit gleich die Schnuud verbrennt habbe. Aach de Vatter kam immer widder mol vorbei un hot sich des aane odder anner Spritzgebackene vom Blech geschnaust. Die rabeschwarz Verbrennte, die hatt er am liebste gesse, domols wusste mer noch nit, wie schädlich des is. Den Rest abber hot die Mutter schnell in verschiedene Blechbichse verpackt un irchendwo im Haus vor uns versteckelt.

Sonst wär die ganz Abbeid von eme halbe Daach in dere heiße Küch in nullkommanix, so hordich guckste nit, uffgefuttert worn. Nadierlich habbe mir Kinner uns uffgemacht un nooch dene Zimtsterne, Heidesand, Kokosmakrone odder Spritzgebackenem gesucht.

Un aach gefunne! Erwischt habbe mer debei aach schon unsern Vadder. Obwohl der uns immer wie en Rohrspatz geschennt hot, wann er unser Gekruschbel an de Plätzjerbichs geheert hot.

Abber wenn er dann von uns erwischt worn is, hot

er sich geschämt wie en Schulbub. Uff die Art is der gesamte Bestand der Weihnachtsbäckerei bis uff e paar Krimmelcher oft vorm große Fest schon ganz verbutzt worn. Und so musst die Mutter vom Bäcker Dahm nebedraa immer noch Plätzjer zukaafe, weil die Verwandtschaft jo groß war, un Plätzjer geheern nun mol uff jeden Weihnachtsdisch.

Wer erinnert sich nit gern an das Geglitzer der Lamettastreife, an die bunt-glänzende Kuuchelcher un de echte Wachskerze uffem Weihnachtsbaum? Ja, des is ebbes, was mir als erstes eifällt, wenn ich an Heilichobend denke. Mit Kinneraache betracht ist Weihnachte viel spannender als for Erwachsene, weil mer endlich aach Geschenke kriekt, die mer vorher brav uffen Wunschzettel schreibe und dem Christkind uff die Fensterbank lege musst. Un wann aach nit alle Wünsche erfüllt wern konnte, so war Heilichobend immer en Daach, wo mer schon moins mit rote Backe uffgereecht dorchs Haus gehibbt is, wo Weihnachtslieder eigeübt worn sin un mer versucht hot, dorchs Schlüsselloch vom Bescheerzimmer zu lubsche. Nadierlich war es von inne zugebabscht, um des Chriskinnsche bei de Arbeit nit zu sehe. Des dorfte nur die Erwachsene. Kinner dehte blind wern, hot die Oma gemeent.

Am scheenste abber wars bei uns, wenn unsern Onkel Herbert, de jüngste Bruder von meiner Mutter, middaachs zu Besuch kam un mit uns Kinner dorchs Haus getobt is, um uns abzulenke. Jeder von uns hatt zwaa große Blechdippedeckel in die Händ kriekt, un mit „Uffdadadida-Buffdadadadida-Buffda – buffda -buffdadadida" gings wie en Blooskapell mit zusammegeschlaachene Kroppedippedeckel treppuff un treppab.

Des dorfte mer nur mache, wann de Vadder noch im diefe Weikeller an de Fässer zu schaffe hatt. Warum, is mir heut aach klar. Die Zucht, die mir domols im Haus gemacht hatte, konnt kaan normale Erwachsene aushalle. Die Alte musste dorch die Geechend hetze un zusehe, dass se alles in Reih geschafft kriehe, was Weihnachte halt zu dem Fest macht, was es aach sei sollt: ein Fest der Familie, der Liebe un der Harmonie. Jedes Jahr uffs Neue. Besonnerst die Harmonie is ebbes, was schnell im allgemeine Trubel unnergehe kann.

Gesunge habbe mer abber aach. Un bei so aafache Kinnerliedcher wie „Alle Jahre wieder kommt das Christuskind" wern bei mir heut noch Erinnerunge wach, die sich sofort in wohliche Weihnachtsgefühle umwannele. Do seh ich mei zwaa Omas, die Eldern, die Patentante un mei Geschwister vorm zimmerhohe, hell erleuchtete Tannebaum stehe un singe. Geflennt habbe frieher bei dem Aablick nur die Erwachsene. Mir Kinner hatte vor Uffreechung gar kaa Zeit for so unnütze Träne. Heut kann ich die „Alte" verstehe. Weihnachtszeit is un bleibt en ganz besonner Zeit. Es ist die Zeit, wo die Familie widder sammerückt, alte Fotos betracht, sich von frieher erzählt un aach emol en Weihnachtslied zusamme singt.

Für mich is Weihnachte, seit unser Omas un die Tante nit mehr do sin, annerst worn. Un jetzt geheer ich aach schon zu de Alte. Die Romantik der Kinnerzeit is vorbei. Schad eichentlich. Un doch bleibt immer en Zippelsche von dem Zauber zurick, der uns domols in Bann gezooche hatt.

Un so siehts doch heut für uns Erwachsene aus: Mer keeft sich sei Geschenke selbst, weil mer doch letzten

9

Endes nie des Richtige krieht, was mer sich ursprüng-
lich gewünscht hot. Weihnachte is Eikaafszeit. Klar wie
Klooßbrieh. Wer nit grad selbst ebbes bastelt, der werd
sich im Gedrängel vom Vorweihnachtstrubel durch-
worschtele müsse.

Un doch: Das ganze Drumherum an Weihnachten
gefällt mir trotz all der Hektik aach heut immer wid-
der. Weihnachtsbäumcher, Christsterne, Glühwei uffem
Weihnachtsmarkt, Plätzjerduft, glitzernde Lichterketten
un, un, un. Ob in Rüddesum, Eltville, Meenz odder
Wissbade. Übberall erlebt mer die gleiche Faszination,
die so en Weihnachtsmarkt mit sich bringt.

Knackig kalt muss es sei. Die Luft schneegeschwän-
gert. Bratäppelsches-Duft in de Noos. En saftisch
Brotworscht mit ordentlich Senf, ingeklemmt in en
knusprisch Breetsche in der aane Hand, en dampfende
heiße Gliehwei zum Trinke un gleichzeitisch zum Hän-
duffwärme in de anner!

Weihnachtslieder misse aus de Lautsprecher zu heern
sei, die mer am liebste sofort mitsingt: Gibt's heitzu-
daach ebbes Scheeneres in der Vorweihnachtszeit?

NICKELOOS UND KRAMPUS 1941

Es war 1941 in Limbach, in de heutische slowakische Republik.

De Fritz un sei Fraa Liesel hatte außer ihre Wingert aach noch drei Wutze, zwaa Küh, aa Kälbche un die zusätzlich Landwirtschaft zu versorche. Un so hatte se in dere Zeit, wo jo schon Krieg war, nie Hungersnot gehabt – es gab also immer ebbes zu futtern. Sie hatte zwaa Bube, de klaa Fritzi un de Hans, die als Kinner, wie alle Bube, nix wie Dummheite im Kopp hatte.

Am liebste habbe se mit ihrm Opa gespillt. Dem hatte se beim Middachssschläfche im Sommer uff de Wisse emol en Glasscherbel ans Baa gehalle. Die Sonn hot ihr übbriches dezu gedaa, un des End vom Lied war, dass de arm Opa wochenlang en schlimm Brandwund an seiner rechte Wade hatt.

So is im Jahr aach en lang List von Bubestreich uffgeschribbe worn, die nur aaner mit nötischem Respekt dene Kerlcher mit gerechter Stroof vor die Noos halle konnt: de Nickeloos. Es war üblich, dass der immer in Gesellschaft von seim Gehilfe, dem Krampus, wie er dort genennt werd, erschiene is. So wurd des Gespann am 6. Dezember von de Eldern bestellt, damit se dene Bube mol ordentlich die Levitte lese konnte.

Die gud Stubb war liebevoll vorweihnachtlich hergericht. Es roch würzig un wohlig noch Bratäppelcher un frisch geschnittene Tannereiser.

Des erste rote Kerzje vom Adventskranz hot gebrennt, dampfende Tee für die Kinner un Glühwein für die Eldern, sowie die erste frisch gebackene, herrlich nach Zimt und Vanille duftende Plätzjer stande uffem Disch. Un de Opa hatt sich am warme Ofe sei Peifche

11

aagesteckt un sich schon uff die „Vorstellung", die jetzt komme sollt, gefreut.

Bestellt warn zwaa junge Männer aussem Ort, die die Zeremonie durchziehe sollte, noch vorm Abendesse. So hot mer im kuschelisch warme Zimmer gewart, bis es drauß an de schwer Holzdier gekloppt hot.

Die frisch gebadete Bube Fritzi und Hans sin zimmlich verschrocke, wie se den große Nickeloos mit seim Rauschebart un seiner dief ins Gesicht gezoochene rode Kapuz gewahr worn sin. Am meiste Ängst abber hatte se vor dem Krampus, weil der en ferschterlich Mask vorm Gesicht hatt un sofort mit seim Kettegerassel und frasterliche Schrei sein gewaltische Ufftritt hatt. Als der Nickeloos seim Kumpel schepp von de Seit en wichtische Blick zugeworfe hatt, hot der sich dorch die Seitedier in die Kich verdrickt und dort mit seim Gepolter und Gerassel un Gepolter weitergemacht bis es uff aamol still worn is.

De Nickeloos abber hot sich jetzt erst emol vom Vadder en Glühwein eischenke losse, un dann ging des übliche Theater los. Die zwaa klaane Ängstschisser hatte beide die Händ in die Hos gesteckt und mit uffgerissene Aache dem heilische Mann in die Aache geguckt. Alle Frechheit war aus de Gesichter verfloge un aadächtig habbe se die ganz Lidanei von ihre Jahressünde mit sichtlich schlechtem Gewisse übber sich ergehe losse.

Nadierlich hatt de Nickeloos aach die Erlaubnis von de Eldern, bei besonnerst schlimme Streich die Rut erauszuhole und dodemit aach emol leicht uffs Hinnerdeilche zu kloppe. Nachdem die Bube brav ihr Gedicht vorgetraache habbe, hot sich der Nickeloos dann doch erweiche losse un aus seim Sack e paar Äp-

pel, Nüss un e paar „Zuckerl" erausgeholt. Abber wie
groß wurde die Aache übber des wertvollste Geschenk:
en Abbelsin, Pomeranze hot mer die dort genennt. Wie
wertvoll die Pomeranze domols warn, des kann mer aus
em Kinnerlied erkenne: „Tanze, Pater, tanze, kriegst ne
Pomeranze", so fing des Kinnerliedche aa.

Nach der Bescherung vom Nickeloos ging plötzlich
die Dier uff, un der schreckliche Krampus stand widder
im Zimmer. Mer hatt en schon fast vergesse, weil er
sich ruhig verhalle hatt. Un so schnell guckste nit, war
der Nickeloos dorch die gleich Dier enaus, wo grad der
Krawallmacher eneikam.

Jetzt hat der Krampus noch emol en unheilvolle Uff-
tritt, in dem er mit seine Kette lautstark gerasselt un die
Kinner somit völlig verschüchtert uff de Opa un die
Mama ihrn Schoß getribbe hot.

Nach korzer Zeit kam der Nickeloos mit zufriddenem
Gesicht widder aus de Kich zerick. Mit em würdevol-
le Koppnicke hot er dem Krampus des Zeiche gebbe,
sich zu verabschiede. Der ganze Zauber war vorbei. De
Nickeloos und sein Kumpan sin mit eme Fläschje Wei
unnerm Arm in die Dunkelheit ab un devon.

Schmunzelnd ging die Mudder in ihr Kich, um de
Schweinebrate mit de Klöß zu serviere.

„Die Spitzbube!", hot mer se laut schenne heern.
„Die habbe unser Obendesse geklaut! Den Schweine-
brate könne mer vergesse, die zwaa Kerle habbe sich
abwechselnd in de Kich übbers Esse hergemacht un
den Brate aus dem Kroppe geklaut un ratzebutz uffgesse-
se!! Jetzt sin se fort."

Gott sei Dank warn die Eldern so humorische Leit,
dass se erst emol herzlich übber die Unverfrorenheit

13

und Dreistigkeit lache musste. Es war jo Kriech, un die zwaa junge kräftische Männer hatte sicherlich en Mordskohldamp geschobe. Schnell hat die Mutter aus de Vorratskammer aus Schwaartemaache, Käs, e paar Gurke un frischem Brot en Vesperdeller uff de Disch gestellt. Un der sonst so stille Opa hot uff aamol nur gemeent: „Vielleicht habbe die zwaa Fresssäck die Stroof mit der Rut doch eher verdient als wie unser zwaa Hundling."

Ja, un domit war die Absolution fors kommende Jahr erdeilt, un de Fritzi un de Hans konnte sich widder neue Streich mit ihrm Opa ausgedenke.

Das vorgezochene Weihnachtsgeschenk

Als ich vor mehr als dreißig Jahr mein Mann kennegelernt hab, war ich so verliebt, dass ich en groß Blech Weihnachtsplätzjer nur for ihn gebacke hatt: Es warn mei erste Plätzjer. Leider warn se e bissje zu hart gerate. Selbst mein sonst so verfressene Hund Cäsar hatt sei Schaff, die Dinger zu knacke. Geschmacklich warn se allerdings einwandfrei.

Der Fritz abber, der noch nit wusst, dass er sei zukünftisch Lebe mit mir zusamme verbringe sollt, war domols aach so verknallt, hot die Kekse in de Kaffee gedunkt, mir liebevoll in die Aache geblickt un mit vollem Mund zu mir gesaat: „Solang mir samme sin, brauchste nit mehr in die Kich, ich übbernemme des Koche dann nämlich komplett."

Dass do ein Ehelebe von mittlerweile fast dreißig Jahr folche sollte, des wusste mer domols noch nit.

Zwaa Jahr nach unserer Hochzeit sin mir in unser neu Haus eigezooche. Als die Kich geliffert worn is, musst ich feststelle, dass die Arbeitsfläch fuffzeh Zentimeter höher war wie ursprünglich bestellt.

„Also so was Dummes! Die habbe bei der Küchefirma en Fehler gemacht. Die dausche mer um, in der Kich kann ich doch nit koche", saat ich.

Mein Mann hot gelacht. „Du brauchst jo aach nit zu koche, weil ich die Arbeit bei unserer Heirat übbernomme hab. Ich hab dene Küchehersteller gleich die Höh aagebbe, wo ich mit meine 1,87 m, ohne mich zu bücke, gut schaffe kann."

Un seit dere Zeit koch ich – ohne jedes schlechte Gewisse – so gut wie gar nit mehr.

Mer muss dezu saache, dass ich hätt koche lerne könne. Und zwar beim bekannteste Fernsehkoch, den mer derzeit uffzubiete habbe. Mit dem berühmte Starkoch Johann Lafer hab ich 13 Jahr lang die Sendung „Fröhlicher Weinberg" im Südwestrundfunk moderiert, in der Johann aach immer was Tolles gekocht hatt. Er hätt mer sicherlich e paar Tricks verrode, abber wo hätt ichs dann ausprobieren solle? In ner Kich, die vill zu hoch for mich war?

Dann kam die Wende in mei'm kochlosen Leben.

Vom Rundfunk SWR4 hatt ich kurz vor Weihnachte en Aagebot krieht, während ner Radiosendung mit der Radioköchin en ganze Vormiddach lang Plätzjer zu backe un den Zuhörer mei Backkunst zu vermittele.

Nadierlich hab ich zugesaacht. Erst später sin mir mei Sünde von früher widder eigefalle. Seit domols gabs bei uns aach kaa Plätzjer mehr. Gedanke hab ich mir abber doch gemacht, wie ich des meistern könnt, denn im Radio heern uffmerksame Zuhörerinne und Backkünstlerinne viel genauer hi un heern sofort, ob mer ebbes aus em Kochbuch vorliest odder selber backt. Un so hab ich beschlosse, des Plätzjerbacke dehaam zu lerne.

Uff em Hochemer Markt hab ich mein erstes Plätzjebackbuch erstanne un dann for mindestens drei verschiedene Sorte gleich die Zutade eigekaaft.

Wie schwer sich so en Deich mit Händ menge lässt, hab ich erst gemerkt, als ich schweißgebaadt vor der Schissel gestanne bin un mir die Ärm vom ville Knete schon fast abgebroche sin.

„Fritz, willste mer nit e bissje Deich knete helfe?",

hab ich meim sonst so hilfsbereite Mann aus de Kich zugerufe.

„Nein, ich muss noch was am Computer arbeite, machs allaans! Ich mach mir sowieso nix aus Plätzjer", saat er un hot mich in de Kich weiterworschtele losse.

Es war mittlerweile elf Uhr nachts.

Jetzt is mir nix anneres übbrich geblibbe, als mit allerletzter Kraft Zucker, Mehl, die Eier und sonstische Zutade zu verarbeite. Ich hab geknet un geknet, dann den Teisch in Folie ingewickelt im Kühlschrank verstaut und mich fix un fertisch ins Bett geleecht.

Ich war ziemlich enttäuscht von meim Mann. Mit de Worte „So kenn ich dich gar nit. Du bist doch sonst so schaffisch in de Kich", bin dann ich todmied in diefen Schloof versunke.

Annernmoin warn die drei Sorte Plätzjer hordich ausgebacke. Un richtisch gut geschmeckt habbe se aach. Mein Backlust war trotz der Müh un Arbeit erwacht.

Daachsdruff heer ich im Flur wie mein Mann zu unserm Besuch seeht: „Mei Fraa hot gestern Obend mit dem Plätzjebacke aagefange. Un des nooch fast dreißig Jahr Ehe. Sie will sich im Radio nit blamiern un probiert jetzt verschiedene Sorte Plätzjer aus. Ich hab se allaans worschtele losse, damit se mol sieht, was des vor e Arbeit is ohne elektrisch Küchemaschin. Die wollt ich mir nämlich schon seit Jahrn aaschaffe, immer widder hot se mich devon abgebrocht, weil se selber nit kocht un so en Ding for überflüssische Kram un Platzverschwendung in de Kich hält!"

Mein Ohrn warn jetzt weit uffgestellt. Er kruschbelt mit Zeitungsbabier un seeht: „Da guck, zufällig is die

Kitschenäid-Maschin in dere Woch bei de Metro 300 € billicher."

Ob des wirklich Zufall odder schlicht Manipulation war, will ich heut nit mehr wisse. Jedenfalls sin mir noch an dem selbe Middach, als der Besuch aus em Haus war, in den Großmarkt un habbe die Maschin als Weihnachtsgeschenk for uns zwaa kaaft.

In Nullkommanix un ohne Kraftaastrengung hatt ich jetzt sovill Plätzjer gebacke, dass jeder, der die Dier nur neigeguckt hot, en Duttche von meiner Backkunst mit haam nemme musst – ob se se wollte odder nit. Un alles nur, weil ich mich bei der Radiosendung nit blamiern wollt!

Sibbe Sorte hab ich mit Erfolch gebacke, drei weitere Backbücher dezu kaaft un selbst zwaa Kilo zugenomme. Probiern muss mer die herrlich duftende Plätzjer jo aach. Hier kimmt der alte Spruch zur Geltung: Zwaa Minutte im Mund, zwaa Jahr uff de Hüfte.

Egal, als Weihnachtsgeschenk krieht mein Fritz en Gutschein für en Abmagerungskur, weil er sich doch brav als Plätzjerprobierer geopfert hot.

Un ich werd wohl im letzte Drittel meines Lebens doch noch mit dem Koche un Backe aafange.

Was so en Maschinche nit alles fertichbringe kann!

WENN FRIEHER DE NICKELOOS ZU UNS KAM

Am Nickeloos-Obend is bei uns dehaam immer die ganz Verwandtschaft zu Besuch komme. Die Tante un Onkels wohnte mit ihre Kinner all in Martinsthal. Un all zusamme habbe mer jedes Jahr bei uns im Esszimmer uff de Nickeloos gewart.

Mir war'n zu dere Zeit sechs Kinner. Die jüngere Kussincher Ingrid und die Heidi, mein Bruder Peter un die Kussengs Hansi un Horsti. Ich war mit acht Jahrn die Ältst'.

Mir Kinner musste uns wie die Orjelpeife dem Alter nooch uff e groß Holztruh hocke, wo die Mudder unne drin ihr Dischwäsch gelagert hatt.

Die Eldern habbe uns geescheübber am runde Weiprobierdisch gesesse, um des alljährliche Schauspiel mit zu erlebe un habbe schon geduschelt un gegiggelt, weil se genau wusste, wie lustig der Obend for se wird. Nadierlich hatt mein Vadder e paar Flasche alde Wein aussem Keller geholt, und mei Mudder konnt mit Fleischworscht un Kardoffelsalat uffwarte. Mir Kinner konnte vor Uffrechung gar nix esse un habbe nur geluert, wann er dann endlich kimmt und sich vor allem schnell widder fortmacht.

De Nickeloos braucht gar nit zu schelle, mer habbe schon am Radau geheert, wie er mit seim Kumpan uffem Hof aakomme is. Vor dem Nickeloos selber hatte mer wenischer Ängst, vill mehr vor dem zwatte Kalle. Den habbe mir nie zu Gesicht kriekt.

Der hot immer ferschterliche Krisch vor der Dier gemacht un zwischedorch mit seine Kette gerasselt. Un mir habbe uff de Bank gehockt un vor Ängst gebibbert. Die Eldern habbe uns verzeehlt, das wär de Knecht Ruprecht, der deht die Kinner mitnemme, mit dene de Ni-ckeloos nit fertisch wern deht.

Des warn noch Erziehungsmaßnahme! Das is uns abber all erspart gebliebe, weil mir – Gott sei Dank – dem „gütische" Nickeloos die Übbeltate, die mers Jahr übber gemacht hatte, selber beichte konnte un er uns nie so richtich mit seim Stecke bestrooft hot.

Endlich war's soweit. Im Hausgang hots geschellt un mit dief verstellter Stimm hot er gerufe:

„Sind denn die Kinder alle da?"

Do hot unsern klaane Horsti schon 's erste Mol vor Ängst laut gekrische, un – so schnell guckste nit – war er bei seiner Mudder unnerm Rock verschwunne.

Dann kam de leibhaftische Nickeloos selbst die Dier enei.

Groß war er. Vill greeßer als annern Männer. Er hatt en prachtvoll weißes, mit Gold besticktes Gewand aa. So aans, wie des die Parre nur an Weihnachte traache. Un en groß weiß-golden Kapp hot er uffgehabt, die e bissje ausgesehe hot wie de Kaffeewärmer von meiner Oma. Nur steifer. In der aane Hand hielt er en vergoldete Stecke. In de anner en riesich Buch mit Goldschnitt un uffem Buckel en gefüllte Sack, den mer normal for die Zentnerkardoffele genomme hot. Den hot er gleich in de Eck abgestellt. Der Sack war gut gefüllt, was bedeut hot, dass es doch trotz Missetade noch Geschenke gab. Abber für wen?

Dann ging's los. Meist fing er mit seiner Vorstellung bei'm Kleenste aa. Unsern dreijährische Horsti musst er unner'm Rock von seiner Mudder erst emol erauszobbele. Ui, die Krisch von dem Bub un des Gelächter von de Alte hab ich heut noch in de Ohrn. Der hot mit dem

Trick jedenfalls sein Ufftritt verhinnern könne un aach unner de Bank weiter geschluchzt vor Ängst.

Der Nickeloos hot dann de nächste Name uffgerufe. Mer musst sich direkt for den „heilische" Mann hiestelle, un er hot aus em Buch alle „verwerfliche" Sünde vorgelese. Bis mer all dorch warn.

Un je erbärmlicher mir Kinner do stande, umso mehr habbe die Eldern gelacht. Uns Kinner war alles hochnotpeinlich. Zum Schluss wollt der Nickeloos noch en Liedche von uns heern un ebbes trinke, weil's drauße so kalt wär. Mei Mutter hot hordich en Flasch Trester aus em Schrank geholt, um dem „arme un verfrorne" Mann ebbes Gudes aazubiete, denn sie hot gemaant, bei der Kält is en starke Trester immer noch besser als wie Arznei und Troppe.

Do hot sich der Nickeloos solang die Schnut gedunkt, bis die Flasch aach kaan Troppe mehr uffzeweise un mir Kinner in dere Zeit alle Strophe vom Nickeloose-Lied geträllert hatte. Dann erst wurd de Sack ausgepackt. Es war nit vill drin, aber jeder hot des krieht, was er sich aach insgeheim gewünscht hatt. For mich war des zum Beispill mol en rote Plastik-Hula-Hupp-Reife. Fast jed Mädche hatt so en aameterdurchmessergroße Plastikring, den mer solang um die Taille kreise losse musst, bis er runnergefalle is. Wenn mer den 5 Minutte ausprobiert hatt, konnt mer sich aafangs vor Muskelkater zwaa Daach kaum noch beweeche.

Endlich is de Nickelloos mit eme: „Gott segne euer Haus" un ere Flasch Wei unnerm Arm in de dunkle Hof un hot sich mit sei'm verrickte, rasselnde Knecht Ruprecht un sei'm Viehzeich uff sei'm goldene Schlitte widder per gemacht. Obwohl oft kaan Schnee gelehe hot, is uns die Sach mit dem Schlitte immer widder verzehlt worn.

Unser Eldern habbe sich unnerdesse noch stundenlang schibbelich übber uns gelacht. Un mir Kinner dorfte noch bissje mit de neue Geschenke spille.

Wie jedes Jahr kame zwaa von de Onkels erst später nooch, weil se in de Werkstatt noch ebbes zu repariern gehabt hätte. Do hätte mer stutzig wern misse. Sin mer abber nit.

Sowohl des Hulahupp-Spille, als aach die Nickeloose-Zeit hatte bald ihr Reize verlorn.

Un doch hab ich lang rumgerätselt, wer des domols gewese sei könnt. Woher konnt der Mann von uns alles wisse? Mein Vadder wars sicherlich nit! Denn der war jo als Gastgeber mit em Bediene von de Verwandtschaft beschäftischt. Aach als Knecht Ruprecht kam er nit in Fraache. Mein Vadder hatt in sei'm schlimmste Zorn nit so Schrei abgelehlt wie der Krawallmacher vor de Dier.

Mein Kusseng Hansi war mol uff erer gude Spur, wie er leise zu meim Bruder gesaat hot: „Guck, der Nickeloos hot so Schuh wie unsern Babba."

Der Bart vom Nikeloos war aach nit echt, des konnte sogar mir deutlich sehe. Wenn er zwischedorch an seim Schnapsgläsje geleppert hot un der weiße Rauschebart verrutscht war, hot er en sich schnell widder in die Reih gerickt un dann mit seiner Gardinepredischt weidergemacht.

Un dann hab ich des Geheimnis doch lüfte könne. Uff unserm Speicher is mir vor e paar Jahrn en dick Buch mit eme verbliche Goldrand in die Händ gefalle. Dodrin habbe lauder klaane handgeschribbene Zeddelcher geleje. Uff dene stand unner annerm zu lese. „Peter isst seinen Teller nie leer" oder „Ulrike ist unordentlich und räumt ihr Zimmer nicht auf" oder auch: „Heidi will abends nie ins Bett", „Hansi ärgert seinen Bruder Horsti " usw. usw. usw.

Do musst ich doch emol laut lache und hab mir nur aans gewünscht: Wär ich nur domols erwachse gewese un hätt den Spass aus de Aache der Große miterlebe derfe. Tja, so kann ich die Erfahrunge mit em Nickeloos halt nur als Kind in Erinnerung behalle.

Übberichens: Mein Onkel Arthur, de Vadder vom Horsti und vom Hansi, war unsern Nickeloos un de Onkel Herbert, der domols noch nit verheirat war, hot de Knecht Ruprecht gespillt.

Des Nickeloose-Kostüm dorfte sich unser Eldern in Martinsthal im Kloster Tiefenthal bei de Nonne jedes Mol for e paar Fläschjer gude, alde Wei ausleihe. Obwohl die Schrottelzeit schon längst erum war.

DE WIPP

Was issen des? En Wipp? Ei, des is en heiße, süße Tipp aus em Rheingau bassend zur Weihnachtszeit.

Im Rheingau trinkt mer in de kalt Jahreszeit gern ebbes Warmes un vor allem Süßes. Wann unser Mudder de Wipp in de Kich for die Uroma zubereit hot, habbe mir Kinner an ihrm Rockzippel gebettelt, um von dere Köstlichkeit aach ebbes abzukriehe. Für uns gabs den Wipp aus Traubesaft gemacht. Un hier is des Rezept in Gedichtform zum Nachmache, uffgeschribbe von unserer Heimatdichterin Hedwig Witte:

Wanns draus friert wintersch Stein und Bein,
Do geht nix übbern heiße Wein,
Mit süßem Eierschaum
Is das der reinste Traum!
Un das Getränk, das nennt mer Wipp,
Gut für Gesundheit, Kränk und Gripp.
Un horcht: Wie wird der Wipp gemacht?
Mer kleppert Eier Sticker acht,
E Pödche Mehl wird draa gesibbt
Gerührt, dass es kaa Klümpcher gibt,
Un dann ins Dippe neigekippt
En gude Litter Riesling Wein –
Hauptsach: Vom Rheingau muss er sein.
Wanns dann im Dippe steigt und hippt,
Dann schlägt mern bis er schaumig wippt.
Un heiß un wohlig trinkt mer'n gleich
Un fühlt sich grad wie im Himmelreich.
Un wann mer dann im Bettche liecht,
dann schläft mer süß – aach ungewiecht.

DER ERSTE RAUSCH

De Vadder vom klaane Fritzi un em Hans war Winzer. Wie jedes Jahr hatt er sei Wingertsarbeide mit em Adventsschnitt korz vor Heilichobend abgeschlosse.

De Weinkeller war direkt unnerm Wohnhaus, un jeden Obend korz vorm Esse is er nochemol mit eme große Glas enunner, um nit nur naach seine „Kinner" vom Herbst zu gucke, sondern um sich aach mit em große Stechheber, also ner übbergroße Glaspipett, die en gude halbe Litter fasst, en Prob von seim „Neue" zu ziehe.

Bevor er sich dann mit Genuss uff die Bank in de Küch higehockt un sei Gläsje schlutzern wollt, is er doch noch emol in de Stall, um sei Viehzeuch, drei Wutze, zwaa Kieh un en Rind, zu versorche.

Dodenooch hot er sich gemütlich uff die Bank gehockt, ordentlich an sei'm Dämmerschoppe gezooche un mit eme herzhafte „Aaahhh!!!" sein Mund abgebutzt, sein Bauch geribbelt un gleichzeitig des Glas widder abgesetzt.

De Fritzi war en uffgeweckte klaane Kalle, der das genüssliche „Aaaahhh" von seim Babba jedes Mol sehr genau beobacht hot un aach emol probiern wollt, was es dodemit uff sich hat. Es musst jo ebbes sei, was aam gut gedaa hot. Dann „Aaahhh" hot de Vadder nit so oft gemacht.

Die Geleeschenheit hatt der klaane Stoppe mit kaum vier Jahr an eme Heilichobend, als die Eldern mitte in de Weihnachtsvorbereitunge warn.

Der Fritzi is in de Kich uff die Bank gekrabbelt un hot des für ihn vill zu große Weiglas in beide Händ genomme, an sein klaane Schnabbel aagesetzt un langsam bis uff die Hälft ausgetrunke. Dann hot er sich, wie er's vom Alte gesehe hot, hiegehockt, sein klaane Bauch geribbelt und ganz laut „Aaahhh" gegrunzt un des Glas widder abgesetzt.

Ob dem Dreikäsehoch sein erste Schoppe geschmeckt hot, is nit übberliffert. Abber er war um en Erfahrung reicher. Ganz zufridde hot er mit seim Spillzeuch, em hölzerne Werkelmann, in en Eck gehockt un is allmählich eigenockelt.

Nachdem de Vadder sein Schoppe zum Esse hole wollt, musst er feststelle, dass des Glas schon halbleer war. Erstaunt hot er des Schoppeglas betracht un sich umgeguckt. De Opa konnts nit gewese sei, den hatt er korz vorher noch im Stall gesehe. Die Wingertsarbeiter warn all dehaam, un sonst war zu dere Zeit kaaner mehr uff em Hof. So schnell kann doch kaan Wei verdunste!

Nur de klaa Fritzi, dem mittlerweile sei Köppche schwer uff die Brust gesunke is, der hot verdächtig ruhig un schloofend in de Eck gesesse.

Der Verdacht, dass des sein Bub gewese sei könnt, kam em Vadder zuerst nit. Abber als er gemerkt hot, dass der Bub, nit nur schläft, sondern schlichtweg besoffe war, is es em gedämmert, wer sich do an seim Schoppe vergange hatt.

„Fritzi, wach uff", hot er gerufe un den Bub geschüttelt. Müd hot der sich uffgerappelt un verklärt sein Babba aageguckt.

„Komm, Fritzi, saach emol, host du do aus dem Glas getrunke?"

De Fritzi hot ahnungsvoll de Mund fest zugepresst un energisch mit dem Kopf geschittelt. Do hot de Vadder den Bub uffgehobe un vor sich uff de Disch gestellt un gesaat: „Fritzi, komm, jetzt saache emol „Aaahhh"."

Do hot de Fritzi ganz beseelt mit uffgerissenem Mund „Aaahhh" gerufe, un aus dem Bubche kam en Duft, als wie wann er in en Weizuber gefalle wär.

An Bescherung war an dem Heilichobend jetzt emol nicht mehr zu denke. Verklärt hot der klaa Kerl sein erste Weihnachtsrausch ausgeschloofe. Ab sofort wurd dehaam streng druff geacht, dass die Weigläser in großem Abstand zum klaane Fritz stande. Dann so en Ausrutscher dorft sich uff kaan Fall widderhole.

Vill später is der mittlerweile große Fritz allerdings doch von dem „Stöffche" Wei infiziert worn.

Als Weinbauingenieur hot er sei ganz Arbeitslebe verbrocht, un als Ehefraa hatt er aach noch en Deutsch Weikönischin obberdrei krieht. Mit der muss er sei Schoppe schon seit 30 Jahr deile.

Un „Aaahhh" rieft er heut noch gern, wann er en besonnerst gude Schoppe petzt. Un aachezwinkernd lässt er oft den Spruch los: „Guter Wein, in Maßen genossen, schadet auch in größerer Menge nicht"

So schnell guckste nit, is es Jahr schon widder rum un die hektisch Weihnachtszeit steht vor der Dier. Es fängt schon im September mit de Christstolle un de Plätzjerbackzutate in de Supermärkt aa. Sofort wird dodurch bei fleißische Hausfrauen des schlechte Gewisse wach, dass mer sich diss Jahr emol ganz frieh selber ans Backe macht un den Stolle un die Plätzjer nit schon widder aus Zeitnot kaafe muss.

Vill Zeit is jo nit mehr bis dohin. Un dann fällt aam vielleicht aach der Zettel widder ein, den mer sich in de Kallenner gebabscht hot: Dissjohr wollt mer endlich emol des abbene Baa'che von dem Gips-Ochs aaklebe, des vor fünf Jahr abgebroche is, un letzt Jahr immer noch in der klaa Babbedeckelschachtel gelehe hot.

Ja, un do warn doch noch die unvollständische „Drei heilische Köniche". Aaner von dene hot unser Nichtche letzt Jahr doch mit de neue Barbie-Bobb verheirate wolle! Mer wollt aach unbedingt noch emol noochgucke, wo der Melschior abgeblibbe is. Am End is er zum „Ken" verwannelt worn un lieht ganz verträumt im Spillzeuchschrank. Von de Weihnachtskuuchele sin im letzte Jahr aach vill verschmisse worn, nur weil de Bub emol die neu fünf Meter lang Hundelein ausprobiern wollt und unsern Eddy vor lauder Tobe den komplette Weihnachtsbaum umgerennt hot. Des bassiert uns jetzt nit mehr. Diss Jahr organisiert mer sich besser. Mer will jo gerüst sei.

Aach de Kücheplan will gut übberleht sei! Wann mer sich nit rechtzeitig alles besorcht, dann werds werklich spannend, und mer hot am End nix uffem Disch stehe als wie e paar Konservebichse.

Un was deht die Oma dodezu saache, die am End de Christstolle, den mer widder nit gebacke hot, dann doch noch vom Aldi mitbringt? Nit zu vergesse, die unvermeidliche Geschenke, die mer parat habbe muss. Dann jeder, der die Dier neikimmt, bringt jo ebbes Bassendes odder Unbassendes mit. Obwohl mer sich jedes Jahr dieselb Leier vorpreddischt: „Diss Jahr gibt's werklich nix." Des dumme Gesicht möcht ich emol von dem sehe, der dann aach werklich nix krieht.

For die, die immer noch nit wisse, was se verschenke solle, hätt ich noch en Idee. En Geschenk, des wo nix kost un trotzdem des Wertvollste is, was mir verschenke könne: E Päckelsche Zeit! Des sollt grad in dere hektische Zeit unner jedem Christbaum zu finne sei.

Un mehr Toleranz! Mol en Aache zugedrickt, wanns nit nooch em eichene Kopp geht un Familieturbulenze uff de Daachesordnung stehe. Es is nur aamol Weihnachte! Un for die „große" Kinner, die selbst schon Oma und Opa sin, geheert es rückblickend in ihrm Lebe immer noch zu de scheenst Zeit im Jahr.

DE FELDSCHÜTZ ALS NICKELOOS

De klaa Andy aus Hochheim war mit seine sibbe Jahr schon en klaane Frechdachs.

Nix als wie annern Leit Streich spille hatt er im Kopp. Die Äppelbeem is er nuff un enunner wie en Eichhörnche un hot beim Nachbar regelmäßig sovill Äppel geklaut, wie er in seim Körbche unnerbringe konnt.

Aanes Daachs kam em de Feldschütz in die Quer. De Andy hot die Fieß in die Händ genomme un is ab wie en Raket. Wie en Rohrspatz hot der Feldhüter geschennt un is wie de Deibel hinner dem Äppelklauer her.

Erwischt hot er ihn nadierlich nit.

De Andy is gelaafe, so schnell guckste nit, un in null Komma nix war die Geschicht in seim Bubegedächtnis aach schon widder vergesse.

Bis zum Nickeloosedach. An dem Obend wird die Abrechung für alle abenteuerliche Bubestreich, die sich im Lauf von eme Jahr aagesammelt habbe, gemacht. Un die List von Untaten, die der klaa Stromer aagestellt hatt, war oft lang.

De Andy hot nix Gudes geahnt, un weil des nix Neues for en war, hot er sich vorsorglich emol sei unverwüstliche Ledderhose aagezooche, die er mol in eme Österreich-Urlaub von seim Opa kaaft krieht hot.

So kams, dass der Nickeloos beim Andy zu guterletzt noch die Sach mit dem Äppelklaue vom Nachbar zur Sprooch gebrocht hot.

Un ohne dass de klaa Kerl aach nur aan Ton von sich gebbe hot, wusste alle Anwesende drum erum, wie er do so stand un unner sich geguckt hot, dass er all die Streich aach werklich ausgeheckt hatt.

Somit war es unvermeidlich, dass de Nickeloos sei

Ruut aussem Sack gezooche un mit gewaltischer Stimm gesaat hot: „So, for jeden Unfug, den de aagestellt host, gibt's jetzt aan Schlag mit de Rut uff de Hinnern. Un wann ich richtig gezählt hab, dann zählt die Sündelist zwanzig Delikte uff."

Dodemit hot er aagefange, dem Bubche – nadierlich nit zu fest – zwanzig Mol uffs klaane Bobbesje zu kloppe. De klaane Dopsch hot die Ruuteschlää uff seine Ledderhose mit Fassung ertraache un mitgezählt, un wie de Nickeloos bei Nummer Zehn aakomme is, is es dem Andy eigefalle, dass die Sünd mit dem Äppelklaue nur aaner wisse konnt: nämlich de Feldschütz!

Un noch in gebückter Haltung hot de Andy de Kopp langsam zum Nickeloos erumgedreht, ihm frech in die Aache geguckt un gesaat:

„Wann die Rut noch omol runnerkimmt, dann kriehste de Gaul vom Opa nit mehr geliehe un dann kannste dein Mistschlitte des nächste Jahr selber ziehe."

Wie die Sach ausgange is, waaß mer heut nit mehr so genau ...

DE ONKEL ARTHUR

Mein Onkel Arthur is gestorbe. 88 Jahr is er alt worn. Er is gange, unwiderruflich un for immer.

Wann aaner sterbt, bleibt for en Aacheblick die Zeit stehe. De Onkel Arthur war mein Lieblingsonkel. Er war de ältere Bruder von meiner Mutter.

Sei Lebe hot er intensiv gelebt un konnt sich aach die Rosine oft erauspicke. Bis zuletzt is er mit seim Auto durch die Geeschend gekurvt un hot mit seiner Fraa Gisela die letzte Lebensjahre zufridde, wann aach mit de Malässe vom Alter behaft, doch genieße könne.

Oft schon war er in seim Lebe dem Deibel von de Schipp gehippt, abber er konnt dem Gevatter Dood immer widder en Schnippsche schlaache. Jetzt hot sei letzt Stündche doch geschlaache, un bei mir sin schlaachartig alte Erinnerunge wach worn.

De Onkel Arthur war nämlich jahrelang unsern Nickeloos.

Ich erinner mich noch an den Nickelooseobend 1960, ich war domols schon neun Jahr un hab stolz zu meine Eldern gesaat: „Den Nickeloos, den gibt's gar nit. Des is immer de Onkel Arthur. Jedes Jahr versucht er, uns zu belüüche. Ich glaabs aafach nit mehr, un ich setz mich heut zu de Erwachsene uff die Bank. Do sitze sowieso all die, die nit mehr an den Nickeloos glaabe."

Meiner Mutter wars recht. De Nickeloos werds schon richte. Un schon habbe mers schelle geheert, un der heilische Mann kam mit schwere Schritte in die Stubb gedapscht.

Der hot nadierlich erst emol die Kinner uff de Bank abgezählt und dann gefraacht: „Ihr seid jo gar nicht vollzählig. Wo ist denn die Ulrike?"

Noch hab ich frech uff de Bank bei de Tante und Onkels gehockt, die bei der Fraach vom Nickeloos alle Aache uff mich gericht habbe. Nadierlich war ich der Meinung, dass er mich nit sieht, weil ich jo bei dene gesesse hab, die nit mehr an den Nickeloos glaabe. Dann hatt er mich abber doch entdeckt.

„Aha, Ulrikchen. Da bist du ja. Du hast dich aber im Platz geirrt. Dein Platz ist hier auf der Bank bei deinen Geschwistern und Cousins und Cousinen".

Ich hab gemerkt, dass ich en knallrote Kopp krieht hatt un dann klaamännchesje gesaat: „Ich sitz hier, weil do alle sitze, die nit mehr an de Nickeloos glaabe, un du bist nit de Nickeloos, sondern de Onkel Arthur."

Starres Entsetze uff de Sünderbank meiner Geschwister. Was hatt ich do jetzt nur gesaat? Den Blick der Erwachsene konnt ich nit richtig deute. Mei Altersgenosse wurde allerdings unruhisch: „Soso", saat do de Nickeloos mit tiefer Stimm un ich war mir jetzt doch e bissje unsicher worn.

„Ich bin also nicht der heilige Nikolaus. Dann werd ich dir das jetzt mal beweisen, weil ich im Himmel Missetaten zugetragen bekomme, die hier im Raum kein anderer weiß als nur du und ich."

Jetzt wurds mir mulmig. Was wird jetzt von meine „Missetade" erauskomme?

„Mir ist zu Ohren gekommen, dass du heimlich mit den großen Kindern, vorzugsweise den Buben aus der 4. Klasse, Klicker spielst und einen Zehnerbullen nach dem andern verlierst und dir immer neue kaufst. In deinem Taschengeldbuch schreibst du aber, dass du stattdessen Hefte für die Schule gekauft hast. Stimmt das?"

Ja, es hot gestimmt. Ich wollt unbedingt mit de große

Bube Klicker spiele, un die habbe mich abber nur mitspille losse, wenn ich Zehnerbulle, also die dicke, bunte Glasklicker, eigesetzt hab. Zehnerbulle deshalb, weil aaner 10 Penning gekost hot.

Ich hatt abber domols nur 5 Makk im Monat Taschegeld kriebt, übber die ich Buch führen musst, und do kams schon, dass ich statt „Heft für die Schule gekauft" mir halt haamlich Zehnerbulle beschafft hatt.

Jetzt wars also raus, un alle guckte mich, die Nickeloosverweigerin, entgeistert aa.

Und dann bin ich vor Ehrfurcht vor dem „echte Nickeloos" mit gesenktem Blick doch widder brav uff die Sünderbank zu de annern Kinner un hab erst im Jahr druff widder kleinlaut gemeent, dass es doch de Onkel Arthur gewese is.

So ville Geschichte wollt er mir noch erzähle, die früher hier im Ort bassiert sind, doch die hot er jetzt all mit ins Grab genomme. Vor allem hätt ich doch gern noch gewusst, wer ihm des mit dene Zehnerbulle verrate hot.

Mit Hilde uff Weihnachtstour

Es is jetzt schon fast fuffzeh Jahr her, dass mei Mund-
artkollechin Monika vom Mundartverein mir die Hilde-
gard Bachmann vorgestellt hot.

„Guck se dir mol aa, die wär nit schlecht for unser
Programm bei de Mundartmatinee."

Sie kam. Un ich hab gleich gemerkt: Do steht jemand
uff de Bühn, die könnt aach des Telefonbuch vorlese.
Die fesselt die Leit, die is, wie se is: 's Hilde.

Schnell habbe mir zwaa en Programm zusammegeg-
stellt un gemerkt: Hier stimmt alles zwische uns Zwaa.
So unnerschiedlich mir vielleicht uff die Zuschauer wir-
ke, so aanich sin mir uns abber hinner de Bühn un aach
sonst im Lebe.

Seit dere Zeit tingele mir übberall do dorch die Lande,
wo mer unsern Dialekt versteht.

Beim erste gemeinsame Ufftritt in Wissbade hatt ich
nur Fremdtexte debei. Meist Gedichte von unsere hie-
sische Heimatdichter Hedwig Witte, Rudolf Dietz und
Friedrich Stoltze.

Es war mir uff die Dauer abber es bissje zu wenig un
wenn mich nit der Martinsthaler Herbert Michel uffge-
fordert hätt, en Beitraach for sei Buch zu liffern, wär ich
aach nie selbst zum Schreibe komme.

„Ich schreib en Buch übber Blutworscht, kannste mir
do aach e Geschicht dezu schreibe?"

Igitt, übber Blutworscht ebbes schreibe? Ich hasse
Blutworscht. Derf gar nit draa denke, was ich als Kind
jeden Mondaach mitgemacht hab, wenn geescheübber
in de Metzjerei immer die Küh un Wutze geschlacht
worn sin. Eichentlich hätt ich bei dene schlimme Kind-
heitserlebnisse Vegetarierin wern müsse. Bin ich abber

nit. Ich hab es sozusache psycholochisch übberwunne.

Jedenfalls hab ich doch en Geschicht geschribbe übber mei „Blutworschttrauma" un bei ner Lesung mit de Hilde vorgetraache. „Iiii" und „Äh" habbe die Leut im Publikum geraunzt. Ich wusst gleich, dass ich dodemit kaa große Lorbeern ernte kann.

Zufällischerweise saß die Verlegerin vom Leinpfad Verlag im Publikum, die mich nach der Vorstellung uffgefordert hat, mehr zu schreibe: „Fangen Sie doch einfach mal an. So wie Ihnen der Schnabbel gewachsen ist. Mir hat die Geschichte gut gefallen und solche und andere Erinnerungen haben auch viele andere Menschen erlebt und finden sich in Ihren Geschichten in ihre eigene Jugend zurückversetzt."

Also hab ich aagefange zu schreibe. So schnell, dass in vier Monat mei erst Buch „Wie en Spatz in de Kniddele" fertisch war. Mein Mann hatt mich hinnerher gewarnt: „Wehe, du schreibst noch e Buch. Jede Nacht hockst du bis spät in die Nacht am Combjuder. Den Zirkus mach ich nit mehr mit."

Mittlerweile sin vier Bücher draus worn.

Un die Hilde und ich turne immer noch erfolchreich mit unsere Lesungen dorchs Ländche.

Grad die Weihnachtsobende wern bei unserm Publikum gern aagenomme. Immer ausverkaufte Veranstaltunge mit Leut, die gern lache, aach emol vor Rührung un in Erinnerung an frühere Zeite e Tränche verdrücke, die sich aafach gern mit uns zwaa Spätlese-Meedcher amüsiern wolle.

Die Hilde ist für mich en Phänomen: Die lacht naach de 20. Lesung übber die selb Geschicht an derselbe Stell immer noch genauso herzlich wie beim erste Mol.

Die Weihnachtslesunge sin zimmlich uffwännisch. Do müsse Bobbe, Bären, en künstliche Weihnachtsbaum, Kerzjer, glitzernde Dischdecke, Christsterne aus Stoff un Gottwaaß was noch im Auto transpordiert wern, damit unser Publikum aach optisch in Weihnachtsstimmung kimmt.

Die wertvollste Begleiterinne sin unser zwaa Bobbe aus de Kinnerzeit. Mei Karin und de Hilde ihr Bernadett sin zwaa große Schildkröte-Meedcher, die schon fast so alt sin wie mir: halt im Schildkröte-Alter. Die sitze brav neber uns, grinse die Leut aa un strecke stracks de ganze Obend übber ihr Ärmcher dem Publikum entgeesche.

Aanes Daachs kam die Hilde in Wissbade ganz uffgereecht in die Garderob: „Stell dir vor, s Bernadettche hot en riesisches Loch im Kopp. Irchendebbes Spitzes hot im Auto quer geleeche. Die kenne mer nit mehr vorzeiche. Was mache mern jetzt?"

Was sie bis zu dem Zeitpunkt noch nit wusst, das war, dass ich beim Einlade von meim Weihnachtskrembel uff aamol de Karin ihr zwaa Baa in de Händ hatt. Der Gummi, der die Gelenke im Bobbeleib sammegehalle hot, war im Laufe der letzte fuffzich Jahr so porös worn, dass die Baa aafach abgefalle sin. Mitgenomme hab ich die amputiert Karin abber dann doch; die Baa in ner Plastikdutt aach.

Uff de Bühn vor noch leerem Haus habbe mer übberleecht, wie mer des jetzt kaschiern kenne.

De Karin habbe mer die abbene Baa in die dafür vorgesehene Löcher gestoppt, ihr Kleidche so drübber drapiert, dass nur die nackische Fiess rausgeguckt habbe und die Bernadette hot vom Bär die viel zu groß Kapp übber die Ohrn gezooche krieht. Un so waren unser alte Meedcher doch noch debei. Ehrlich gesaat: Es wär niemand uffgefalle, wann mer ganz uff des Bobbegedöns verzicht hätte. Abber irchendwie denk ich oft: 'S Hilde un ich, mir sin innewennich immer noch wie Kinner, die sich aach an so leblose Bobbe ihr Erinnerunge an frühere Weihnachte erhalle kenne.

Erst denke, dann schenke

De Schorsch hot uns am erste Weihnachtsdaach zu seim 70. Gebortsdaach eigelade. Schlimm genuuch, ausgerechent an Weihnachte als „Chriskinnsche" uff die Welt zu komme. Do wern die Geschenke schon als Kind automatisch uffgedeilt un falle nit so groß aus, wie wann mer im April odder Mai Geburtstag hot.

Zu sei'm runde Geburtstag wolle mer ihm abber ebbes ganz Besonneres schenke.

Was schenkt mer em gestannene Rentner, der eichentlich schon alles hot – außer Zeit. Nur Gesundheit wünsche, des is des Aane. Un sicherlich aach wichtig. Abber mer will jo aach ebbes in de Hand habbe, wann mer bei so ner Feier als Gast ufftaucht.

Zunächst hatt ich an en ehrwürdische stabile Spazierstock aus gudem Eicheholz mit ner Eisespitz gedacht. Er wandert jo aach gern. Vielleicht mit sogar schon druffgenaachelte buntische Metallplakettcher?

Hätt ich günstisch bei ebay steichern könne. Uff so em Stecke kann sich der so Beschenkte schee abstütze un mit der Eisespitz sogar aagriffslustische Wildsäu im Wald abwehrn. Abber naach langer Übberleechung kam ich dehinner, dass mer dodemit absolut falsch lieht.

Die heutische Sibbzicher laafe mit in de Höh verstellbare „Nordic-Woaking-Heiteckgerätschafte" dorch die Landschaft un wärn mit so eme Fossil, des aussieht wie en geweehnliche Rentnerbengel, sicherlich nur verärjert.

Dann kam uns die Idee mit dem Fresskorb.

Der war frieher ab em 70. Gebordsdaach an de Daachesordnung. En Fläschje Spätburgunder, der jo laut Wilhelm Busch „für alte Knaben eine von den besten

Gaben" sei soll, en Schwarzwälder Schinke, en Ringel Plunz, en Kuuchel Presskopp, en gude Obstler un vielleicht noch e paar gude Praline. Des I-Tippelche abber war die uff goldfarbenem Babbeldeckel ausgestanzte Zahl „70", die obbe am große Henkel von dem silbrig aagemolte Weidekorb geglänzt hot.

„Naa", saat mein Mann, „wann mer den als Geschenk mitbringe, sin mer garandiert unne dorch."

Er hatt Recht. Ich kenne Sibbzischjähriche, die grad ihrn Jahresbeitraach im Golfclub entricht habbe. Do wär mer mit em Dutzend Golfbäll vielleicht gut debei. Dann die klaane knibbelharte Bällcher verschießt mer schon gern in die Landschaft un find se in de Wisse odder im Wald nit mehr. Zweckmäßisch wär aach en Schutzausrüstung for Rollerbleets. Manch junger Alde is halt doch so unvernünftisch, dass er sich ohne Helm un Knieschoner uff die wackelische Dinger stellt un sich am End noch Arm, Baa un's Hern versterzt.

Mein Mann hatt e anner gut Idee: „Der krieht sicherlich glänzende Aache, wenn mer ihm en ausführlich Landkart von Alaska schenke, damit er sich vor seim bevorstehende Abenteuerurlaub im Vorfeld uff seiner geplante Männertour übber die dortische Straßeverhältnisse orientiern kann un nit chaotisch dorch die Gegend gurkt."

„Odder vielleicht en Jahresabo im Fitnesscenter", hab ich vorgeschlage.

„Naa, des hot er schon. Ich hab en letzt grad im Studio getroffe, wie er mit 20 Kilo-Gewichte rumhantiert hot."

Dann hatte mer die Idee, womit mer dem gude Geburdsdaachkind von 70 Spass mache kennt. In heutische

Zeite sin die Vorsorche-Besuche beim Doktor ziemlich deuer worn, un wer kaa Privatversicherung hot, muss schon selbst ordentlich ins Portemonee greife, um gesund zu bleibe.

Mein Entschluss stand fest: „Ich schenk em en Gutschein für en Check-up beim Doktor. Wenn der „junge Alte" dann sei PSA-Wert im Blick un de Blutdruck unner Kontrolle hält, werd der sich mit achtzisch noch übber Geschenke wie so altmodische Fresskörb kaputtlache un sich dann stattdesse en Gutschein for en Gourmet-Kochkurs schenke losse, um in seiner neue Kich zu kulinarischer Höchstform uffzulaafe."

Un jetzt, noochdem ich mir die Einladungskaard noch emol aageguckt hab, lieg ich do aach genau richtig. Do stand zu lese: „Klar im Kopp un unne dicht, mehr wünsche ich mir diesmal nicht."

DES SCHEENSTE WEIHNACHTSGESCHENK

Vor mehr als zwanzisch Jahrn hatt ich meiner Mutter en ausrangschiertes Klavier geschenkt. Des Ungetüm werd heut nur noch als Ablaacheobjekt genutzt, denn es is mittlerweile „unstimmbar" worn, was beim absolute Gehör meiner Mutter natürlich e Zumutung is.

Seitdem ich denke kann, spillt se am Klavier aach alle Lieder, die se singe kann. Aussewennisch un ohne Note, versteht sich. Sie hatt nur bei meim Opa Klavierunnerricht gehabt un konnt doch mit zwaa Händ spille wie en gude Mussiker. Jedenfalls hot es sich für uns so aageheert. Die Begabung hot se offenbar von ihrm Vadder geerbt. Ihr Vadder, mein Opa Anton, konnt das uff seim genauso verstimmte Klavier aach so gut. Uns Kinner hatt er an Weihnachte immer vorgespillt, un mir habbe alle Lieder mitgeschmettert.

Uff die Idee, meiner Mutter mei alt Kieboord (Keyboard) zu Weihnachte zu schenke, kam ich, als ich mir en moderneres Instrument für mein erstes Theaterstück am Volkstheater in Frankfurt kaaft hab. Dodefor musst ich extra e paar Lieder einstudiern, weil des zu der Roll geheert hot.

Die Technik geht jo heut so schnell voran, dass mei klaa alt Klaviersche schon nooch drei Jahr völlig unzeitgemäß war. Ich hab's also vom Speicher geholt, unner de Arm gepackt un bin zu meiner mittlerweile 85jährig Mutter gefahrn.

Eichentlich hatt ich mit ner Abfuhr gerechent. Zum Beispill: „Mit so em neumodische Gerät kannste mer grad dehaam bleibe. Dodemit komm ich in meim Alter nit mehr zerecht."

So odder ähnliche Kritik hatt ich erwart.

Nachdem ich in ihrer Wohnung aakam und des elektrische klaane Piano ausgepackt hab, is en begeistertes Strahle übber ihr Gesicht gehuscht. Ich glaab, so glücklich hab ich se lang nit mehr gesehe.

„Ei, des is jo wunderbar, was en herrlich klaa elektrisch Klaviersche. Un so leicht. Hoste aach die Gebrauchsanweisung mitgebrocht? So en Ding hot doch sicherlich ville Funktione, die will ich doch aach noch lerne!"

Ich war sprachlos. Sie weigert sich mit aller Macht geeche e Händi un des neumodische Kiehboord war jetzt für sie im hohe Alter die Entdeckung. Sofort hatt ich den Stecker von dem Instrument an de Strom aageschlosse. Mei Mutter hot neugierisch sofort die DE-MO-Tast gedrickt, was bei dem Gerät ein Heidenkrach mit modernste Klänge verursacht, die alles annere als harmonisch klinge. Spätestens jetzt werd se bereue, dass ich ihr des Ding mitgebrocht hab, dacht ich.

Abber weit gefehlt! „Das is das scheenste Weihnachtsgeschenk, was ich seit langem krieht hab. Jetzt kann ich endlich widder alle Weihnachtslieder spille un muss mich nit mit dem verstimmte Klimperkaste abgebbe." Un schon saß se am Klavier un schmettert los: „Heidschi Bumbeidschi Bumm Bumm" un „Leise rieselt der Schnee". Ich hab mich in de Sessel gehockt un sie in ihrm glückliche Zustand beobacht. Sie hot ganz beseelt uff em Küchestuhl vor dem klaane Kaste gesesse un alles um sich erum vergesse. Wie beneidenswert, hab ich gedacht.

Ich hatt als Kind mühsam drei Jahr lang Klavier lerne müsse, abber mit der Begabung alles aussewennisch zu spille un noch dezu zu singe, war ich leider vom liebe Gott nit bedacht worn. So hot halt jeder Mensch bestimmte Aalaache in sich versteckelt, die mer entdecke muss un die jeden Aanzele von uns aach so einmalisch mache. Mer muss sich nur die Müh mache, um se zu entdecke.

For mich warn die glückliche Aache meiner Mutter an dem Weihnachtsfest das größte Geschenk.

DES FRIVOLE EBBES

Um des Weihnachtsgeschäft aazukurbele, komme die Winzer im Rheingau an de Adventswochenende oft uff schlaue Idee. Von so eme Winzer sin mir aagelockt worn, um bei ner vielfältige Speisekard aach den neue Wei zu probiern.

Zusätzlich hat im gesamte Kellerbereich vom „Schöne Michel" in Aulhause en Fotokünstler sei übberdimmensionale Kunstwerke, die er uff Leinwand uffgezooche hatt, ausgestellt. Mir hatte mei Mutter dabei, die sich immer freut, wann mir se mitnemme un sie aach emol unner annern Leut kimmt.

Vergnücht habbe mer sammegehockt, Wei probiert un ebbes Gudes schnabuliert. Korz vorm Haamgeh war nadierlich noch en Rundgang im Keller aagesaat, um die Bilder noch all zu betrachte. Mei Mudder blieb am Disch und hot uff uns gewaart.

Die Großbildfotos hinge wie Gemälde ganz originell im Keller verdeilt. Do entdeck ich uff em Fass en riesengroßes Bild, recht dunkel, druff abgebildt e halbnackisch Mädche, was mer allerdings nur von hinne sieht. En knackisch scheene Frauenkörper, der en rot Wollduch um de Bobbes gewickelt hatt.

Also jedenfalls harmlos, abber sehr geschmackvoll un edel. Meim Mann un mir war sofort klar, dass mir uns des Foto zu Weihnachte schenke wollte. For 350 € war es bei der Qualität nit zu deuer, un Weihnachte stand vor de Dier.

Nadierlich hab ich es gleich abgehängt un so diskret wie nur möchlich dorch die Straußwirtschaft getraache. Dort hab ich's meiner Mutter gezeicht. Ihr Kommentar war allerdings alles annere als erfreulich: „Was is dann das? Ihr werd euch doch nit so en frivoles Bild kaafe wolle? Wo wollt ihr dann so ebbes hihänge?"

Alle Leit habbe die Köpp erum gedreht, um sich des frivole Ebbes, was sich Neradts im Begriff warn aazuschaffe, genauer zu betrachte. Ich hab unser Neuerwerbung also hochgehalle un alle Leut, die in der Wertschaft gesesse habbe, gezeigt. Dann war widder Ruh, un mir habbe des Bild zum Adventssonderpreis for 300 € geeche die Zustimmung meiner Mudder doch kaaft.

An Weihnachte drickt se mir en Umschlaach in die Hand und seht: „Hier is mei Weihnachtsgeschenk for euch. Es is for des nackische Meedche. Wann euch des Bild so gut gefällt, dann soll's mir recht sei. Un du, mein lieber Schwiechersohn, musst halt sehe, wie de jetzt mit zwaa Weibsleit in deinem Schloofzimmer zerecht kimmst."

Im Umschlaach warn 300 €.

SOLDATEPLÄTZJER

In unserer Familije habbe mers uns abgeweehnt, jedem e Geschenk unner de Christbaum ze leeche. Nur die Kinner sind's noch, die von de Erwachsene ebbes krieje. Des, was mir uns heutzudaach eichentlich schenke sollte, ist Zeit! Zeit, um de Kinner zuzuheern, zum Beispill wann se e neu Klavierstickelche eigeübt habbe, odder Zeit, um sich mit de Eldern emol e paar gemiedliche Stündcher beim Kaffee odder bei eme schnuckelische selbstgekochte Abendesse ze unnerhalle. Aach Zeit, um mit dem eichene Mann widder emol en scheene, lange Spaziergang zu unnernemme un eifach nur so übber dies und jenes zu palavern, was mer so lang uffgeschobe hot.

Zeit, um einfach Zeit ze habbe for all die Sache, die wo nix mit dere Hektik zu due habbe, die wo uns das ganze Jahr übber beherrscht. Soweit die gude Vorschlääch for die Erwachsene.

Un wie steht's mit de Juuchend? Habbe die eichentlich noch Zeit for so althergebrachte Bräuch wie Weihnachte feiern im alte Sinn? Während ich die Zeile geschribbe hab, hatt ich grad die Weihnachtsplätzjer probiert, die mei`n älteste Neffe Dominik for mich un mein Mann selbst gebacke hatt.

Es hot mich doch sehr bewegt an dene Weihnachtsdaache, als der Bub, der domols bei de Bundeswehr war, gesaat hot: „Was soll ich euch eichentlich schenke? Ihr habt jo alles, und do hab ich mer gedacht, dass ihr euch vielleicht übber mei Plätzjer freue deht, die ich for euch gebacke hab!"

Un dodebei hot er jedem von uns e groß Dutt mit herrlich duftende Weihnachtsplätzjer übberreicht. Fünf

47

verschiedene Sordde warn drin. Wer Plätzjer selber backt, der waaß jo, was des for Zeit in Aaspruch nimmt. Un do schenne mer oft übber die heutisch Juuchend, dass se nur noch Inderesse for sich selber habbe.

Tja, so kann mer sich täusche. Ich muss ganz ehrlich gestehe, dass mich des Geschenk an dem Weihnachtsfest am allermeiste übberrascht un gefreut hot. Do stellt sich so en zwanzischjährische junge Soldat in seiner Freizeit hi und duht for die ganz Sippschaft, die Omas, Opas, Tante und Onkels, Plätzjer backe: Danke, mein lieber Dominik, dass du mer gezeicht host, dass es doch noch junge Leit gibt, die sich Gedanke mache, wie mer aach de Erwachsene e Freud bereite un se übberasche kann.

Ihr könnt's mer glaabe: Von dem herrliche Weihnachtsgebäck – mit Vanilljekipferln, Kokosplätzjer, Schokoladehaferflocke und Spritzgebackenem – hab ich nix hergebbe, selbst, wann mei ganze gude Vorsätz, im folchende Jahr erst emol zu faste, um widder in Form zu komme, dodemit erst emol for die Katz warn.

„Ein Paar zum Verlieben": Die Geburtsstund von Gerda und Walter

Den große Wunsch, im Radio Hörspiele zu spreche, hatt ich schon als klaa Kind.

Mein Vadder hatt domols in de Adventszeit mit mir un meim fünfjährige Bruder Peter die domols moderne Zeichentrickheftcher von de Fix-und-Foxi-Geschichte uffs Tonband uffgenomme.

Ich war de Fix, mein noch nit lesefähige Bruder war de Foxi, der hot sich aafach nooch de Bildcher orientiert und uff die Art de Text bestimmt. Mein Vadder hatt en Doppelroll, nämlich die von dem Wolf Lupo un em Lupinche. Es warn herrliche Stunde.

Aach als Erwachsener hot mich die Idee, Sketsche vorzuführn, nit losgelosse. En Ehepaar, des sich liebevoll kabbelt un schennt, des war so mei Vorstellung. Mir hot halt nur de Spielpartner dezu gefehlt, der den männliche Part übbernemme sollt un der aach Texte schreibe kann.

Wie so oft im Lebe braucht mer aach oft e bissje Glück.

Un des hatt ich vor e paar Jahr uffem Weihnachtsmarkt in Meenz. Für en gude Zweck sollt ich heiße Kaffee an die Weihnachtsmarktbesucher verkaafe. Jeder Euro ging an en sozial Einrichtung in Meenz. Mit am Kaffeeautomat war en prominente Meenzer: Norbert Roth. Je länger ich mit dem Tass for Tass verkaaft hab, umso klarer wurd mir, der kennt de bassende Partner for mei Idee sei. Der is jo aach der Urfassenachter, den ville Fernsehzuschauer von der große Meenzer Fassenachtssitzung „Meenz, wie es singt und lacht" kenne.

Uff mei Fraach: „Hätte Sie nit emol Lust, mit mir

ebbes zu mache?", war er zunächst e bissje übberrascht, abber als er gemerkt hot, dass es bei dem „Ebbes" nur um en Ufftritt ging, war em klar, was ich demit gemeent hab.

„Tja", saat er nachdenklich, „des müsst dann abber schon ebbes ganz Besonneres sei. For jeden Mist loss ich mich nit angaschiern."

Mir war von der Stund an klar, dass es nit leicht sei wird, mei Idee, Sketsche zu spille, umzusetze. Erst emol habbe mers beim Kaffeeeischenke for de gude Zweck belosse.

Fünf Monat später war ich beufftraacht, for des Fassenachts-Musical „Feucht und Fröhlich e.V.", des mein Fernsehpianist Frank Golischewski fors Meenzer Unnerhaus geschribbe hot, die bassende Mitspieler auszusuche. Nadierlich hab ich sofort an de Norbert Roth gedacht. Un er kam aach, erst emol neugierig, hatt sich des Manuskript betracht, für gut befunde und schon hatt er en Roll, die hunnertprozentisch uff ihn gebasst hot. Mittlerweile is des Stück in Meenz Kult worn, un an die 80 Mol habbe mir des schon im Unnerhaus gespillt. Mein Wunsch, mit dem Roth emol „Ebbes" zu mache, is also fors Erste erfüllt worn.

Sketsche im Radio mache, wollt ich allerdings immer noch.

Aanes Daachs rief er mich aa und saat zu mir:

„Du, ich hab was for uns. E paar lustische Stickelscher, wolle mer die mol zesamme ausprobiern?"

Jetzt war ich an de Reih, erst mol dief Luft zu hole.

„Wie wärs, wenn mer die gleich dem Meenzer Radiosender aabiete?"

Gesaat, gedaan. In null Komma nix saße mir zwaa in

50

Meenz dene Chefs vom SWR4 geecheübber un nooch-
dem se sich de erste Sketch aageheert hatte, gabs gleich
en telefonisch Querverbindung zu de Studios, wo mir
sofort Probeuffnahm gemacht habbe. Genau des wärs
nämlich, was se im Sender schon länger gesucht hätte.

Tja, e bissje Glück geheert dezu! Die Name habbe
mer schnell erfunne: Gerda und Walter. Und fertisch
war „Das Paar zum Verlieben."

Seit fünf Jahr schon schenne, palavern un dischpu-
diern jeden Freidaach im Radio „Gerda und Walter"
übber ihr Ehelebe. Norbert Roth schreibt die Sketsche,
die der Realität oft erschreckend nah sin.

Ab sofort geht's naus uff die Bühn demit. Jetzt wird
„Gerda und Walter" aach leibhaftig uff die Bühn ge-
stellt. Ich bin selbst gespannt, wie des weitergeht!!

Luwiss un Seppel un die Weihnachtsübberaschung

Bevor es „Gerda und Walter" gebbe hot, hab ich aus em Schwäbische mol en Weihnachtssketsch übbersetzt un trag den schon seit langer Zeit mit de Hilde Bachmann vor. Hier geht's nämlich aach um en Ehepaar, was sich kabbelt.

Luwiss: Du, Seppel, host du schon emol übber Weihnachte noochgedocht?

Seppel: Nicht bloß noochgedocht, Luwiss.

Luwiss: Aha! Ja, was heeßten des? Du werst doch nit schon ebbes kaaft habbe?

Seppel: Un wenn? Geht dich dann des ebbes aa? Weihnachte is des Fest der Übberaschung.

Luwiss: ... das Fest der Liebe ...

Seppel: Ja, odder des Fest des Umdauschrechts.

Luwiss: No, abber grad des kann mer jo vermeide, findste nit?

Seppel: Willste mich jetzt ausfrooche odder was?

Luwiss: Ach naa, des lieht mer doch fern. Ich hab halt gedocht, du wüsst halt vielleicht nix for mich.

Seppel: Ich waaß immer ebbes, bloß is es meistens nit so, wie du dir des vorgestellt host.

Luwiss: Des lieht dodraa, dass du immer noch nit mein Geschmack kennst, Seppel.

Seppel: Dein Geschmack, des is en weites Feld, liebe Luwiss. Abber da du mich zum Mann erwählt host, kann ich dein Geschmack jo bloß lobe.

Luwiss: Na siehste, un ich muss es schließlich dann uffsetze.

Seppel: Was?

Luwiss: Des Weihnachtsgeschenk.

Seppel: Jetzt bohrt se schon widder drum erum. Abber saach emol, wie kimmst du übberhaupt uff's Wort „uffsetze"?

Luwiss: No ja, halt so.

Seppel: Du Luwiss, ich hab en schreckliche Verdacht ...

Luwiss: So? En Verdacht? Wieso?

Seppel: Host du etwa in mein Schreibtisch gelubscht?

Luwiss: Gelubscht! Jetzt mach abber, Seppel, gesucht hab ich ebbes.

Seppel: Des glaab ich gern. Un gefunne scheinbar aach.

Luwiss: Mir is halt uffgefalle, dass du neulich haamkomme un wie en Blitz im Arbbeitszimmer verschwunne bist.

Seppel: Aha!!! Un do hot dich de Haffer gestoche.

Luwiss: Ich hab halt gedenkt, Seppel, wenn mer en Weihnachtsgeschenk sowieso umdausche müsse, do könnt ich's doch aamol uffsetze übber die Feierdaache.

Seppel: Schon widder uffsetze! Host dir also genau aageguckt?

Luwiss: Zufällig! Seppel, du derfst doch so en deuer Pelzkapp nit aafach so in en Schublad neistumpe!

Seppel: Host recht! Ich hätt se gleich übber die Stehlamp stülpe könne. Dir bleibt jo sowieso nix verborsche.

Luwiss: Komm Seppel, jetzt sei doch froh, dass mer se noch vor em Fest umdausche könne.

Seppel: Wieso dann umdausche? Ich hab doch genau die kaaft, die du mir im Schaufenster so dezent gezeicht host.

Luwiss: Abber waaßte, inzwische hab ich den Hut im Lade uffprobiert un hab festgestellt, dass mir der helle viel besser steht. Schwarz is aafach zu gedieche for mich.

Seppel: Ach, uff aamol.

Luwiss: Un der hellbeige, du, der steht mir prima, den hab ich vorsichtshalber schon emol zerickleje losse.

Seppel: So, und wo bleibt die Übberaschung, wenn ich froohe derf?

Luwiss: Was glaabste dann, Seppel, wie du übberrascht bist, wann ich dir saach, dass ich zu so eme schicke Pelzhut unbedingt noch en neue bassende Mantel brauch?

CAESAR

Zwaa Daach vor Weihnachte hatte mir uns domols den berühmte Film „101 Dalmatiner" von Walt Disney aageguckt. Ich war noch ganz verzaubert, e bissje geflennt hab ich aach am Schluss, obwohl es nur en Zeichetrickfilm war.

Uffem Haamweech vom Kino zum Parkplatz sin mir an ner Tierhandlung vorbeigekomme, wo en echte, klaane Dalmatiner ganz allaans im Schaufenster erumgewuselt is.

Mein Mann hot in meine Aache sofort den Wunsch gesehe: habbe wolle.

„Das kann nit dein Ernst sein? Wolle mir uns des werklich aadun? So'n Hund kannste nit aafach ausknipse wie en Film. Schloof lieber noch e paar Mol drübber."

Abber mein Entschluss stand fest: „Nein, ich wollt schon immer en eichene Hund. Un die Dalmatiner gefalle mir besonnerst gut. Außerdem hab ich jo dissjahr noch en Wunsch frei!"

Mein Mann hot nur sei Gesicht verzooche un dodruffhi nix mehr gesaat. Keine Ahnung, was em dorch de Kopp ging.

Der klaane Welpe im Schaufenster is mittlerweile uff mich uffmerksam geworn un hot wie wild mit seine Vorderfieß an de Scheibe gekratzt. Un wie er mich so indeierlich mit seine braune Aachelcher flehend aageguckt hot, hätt ich en am liebste direkt noch an dem Obend mit genomme!

Er tat mir so leid. Gott sei Dank is des heut abgeschafft worn: Hunde im Schaufenster. Das Mitleid habbe die Tierhändler eingeplant.

„An Heilichobend hole mern. Gell?"

Uff em Haamweech, fiel mir aach sofort de richtische Name ei, den er kriehe sollt: Caesar, der Kaiser.

Un was for'n selbstbewusste „Kaiser" mir uns do aaschaffe wollte, des war uns zu dem Zeitpunkt leider noch nit ganz klar. Unerfahrn wie mir warn, kame mir annern Moin in de Tierhandlung un verlangte naach dem goldische Dalmatiner. Der muss gemerkt habbe, dass en jemand aus seim Gefängnis rausholt un is wie von Sinne in seim Stall erumgefuhrwerkt.

Mer muss es zugebbe: Bei aller Begeisterung, die ich hatt, der klaane Hund war schon ufffallend wild un vor allem aach sehr verfresse.

En Pyramid von Hundekekse hot er umgeschmisse un e paar Pakete uffgerobbt, dodebei en Babbegei so verschreckt, dass der in seim Käffich erumgeflatschert is un gleich mehrere bunte Feddern verlorn hot. Zuguterletzt is er noch übber den Stall mit de Meerschweincher gehibbt, sodass die arme Dier'cher mit hellquiekende Schrei von aaner Eck in die anner gerast sin un schließlich ganz verschaackst in aaner Eck zusammegekauert, fast wie vom Dod erstarrt, hockte. Un wann unser Neuzugang nit an die Hundelein komme wär, wer waaß, was er in dem Lade nit noch for Unheil aagericht hätt!

Domols hätte mir stutzig wern müsse. Mir habbe abber nur gelacht. Un der Verkäufer hot beschwichtigend gesaat: „Der is nur hier so unruhig. Er ist ja auch erst drei Monate. Kleine Kinder toben ja auch. Der ist sonst eine Seele von Hund. An dem werden Sie viel Spaß haben. Dalmatiner sind ruhige Hausgenossen. Wenn Sie ihn gleich mitnehmen, dann bekommen Sie ihn auch zu einem Sonderpreis, statt 900 nur 600 Mark."

Unser Sonderpreis hatt sogar en echte Stammbaum. Die Mutter war en „Von Trechtingshausen", un aach der Vadder kam aageblich aus ner namhafte Zucht. Naja. Was sin schon Name. Schall un Rauch. Babier is geduldisch, un ich war glücklich, dass mein Mann mir mein Weihnachtswunsch erfüllt hatt.

Schnell warn Hundekorb, Dosefudder, Fudderdippche un vor allem en Fachbuch übber Dalmatiner besorcht. Schließlich hot jeder Rassehund en annern Charakter. Sehr schnell is uns allerdings nach de erste Buchseite schon klar worn, was for en besonneres Exemplar mir do grad erstanne hatte. Do stand unner annerem zu lese: „Ideal für Leute, die gern und viel laufen. Der Dalmatiner war bis zur Erfindung des Autos als Kutschenhund im Einsatz. Daher braucht er sehr viel Bewegung, 3 – 4 Stunden am Tag sind ideal." Mir habbe uns aageguckt. Drei bis vier Stund spazierngehe? Jeden Daach? Wer hot dann die Zeit? Wer sollt des mache?

„Dein Vadder", saat ich zu meim Mann schnell, „der is Rentner, dem bringe mer jetzt jeden Moin den Hund, der geht sicher gern mit dem in de Wald enaus, un middachs hol ich en nach de Arbeit in de Klinik widder ab."

Während mir noch dischpediert habbe un bevor mein bis dahin noch ahnungsloser Schwiechervatter übberhaupt gefraacht wern konnt, hatt unsern neue Hausbewohner Caesar binne aaner Stund sämtliche unangenehme, aber aach notwendische Geschäfte, die mer als Hund verrichte muss, bereits in unserer Wohnung großflächig erledischt, un uns wurd klar, dass sich ab sofort unser gesamtes Lebe grundsätzlich verännern sollt. Was sin schon zwei Stunde Hundefilm im Kino geeche ein echtes un uffreechendes Hundelebe von insgesamt fast 13 Jahrn, die uff uns zukomme sollte?

Tja, ich hätt vielleicht doch besser die zwaa Nächt vor Weihnachte nutze un drübber schloofe solle, abber es war zu spät: Caesar hot sei Kaiserreich eindrucksvoll in Beschlaach genomme.

„Du host en gewollt", saat mein Mann.

„Ja. Ich steh aach dezu. Mir müsse den erst emol dezu erziehe, dass er ab sofort nur an de frisch Luft „Gassi" geht! Solang es drauße abber so schütt wie mit Aamer, schicke mir de Hund uff de Balkon. Do merkt er, dass er an de frisch Luft is un wird schon was mache."

Der Balkon hatt glatte Staaplatte, un do wär des Geschäftche jo hordisch weggewischt.

„Gassi gehn, gassi gehn", hab ich em immer widder zugerufe.

Der Hund hot nicht begriffe, was ich von em gewollt hab. Es verginge Stunde. Immer und immer widder hab ich en mit de gleiche Worte uff de Balkon geschickt, aach, als er schon feuchte Aache hatt. Endlich war's soweit. Er hot sich in seiner Not higesetzt un sich „gelöst", wie des in de Hundespraach heeßt. Mit „Brav, guter Hund" is er mit Hundekuche belohnt worn.

Un ich war ganz stolz übber mei Dressurkünste.

Am drufffolschende erste Weihnachtsdaach war herrliches Winterwetter. Mir habbe uns warm eigepackt for en lange Hundespaziergang im Schnee. Unser Caesar hot sich hechelnd mit raushängender Zung an de Hundelein fast selbst stranguliert, wild hot er gezooche un war froh, endlich laafe zu könne.

Nach ner halbe Stund saat ich zu meim Mann: „Der Hund macht nix. Noch nit aamol hot der des Baache

gehobe. Jetzt sin mer schon so lang unnerwechs. Ir-
chendwie is der Hund nit normal."

Haamzus is er merklich unruhischer worn un kaum sin
mir in de Wohnung aakomme, is der Hund an die Balkon-
dier, reißt vorher fast noch die Gardine ab, kratzt wie wild
an de Glasdier un will enaus. Kaum uffem Balkon: ein
gelber See un en dicke braune Kupferbolze (so hot mein
Vatter immer die „feste" Aageleechenheit genannt).

Des Malör war so groß, dass ich mei Schaff hatt, dass
nit noch ebbes von dere feucht-feste Bescherung zu de
Nachbarin runnergeloffe is.

Jetzt war mir klar, dass ich en große Fehler gemacht
hatt: Der Hund hot den Balkon als sein Klo entdeckt.
Un Weihnachte mit de Familije konnte mer uns ab-
schminke, weil mir mit Umerziehungsarbeit von „Bal-
kongassigehe" uff längere Spaziergäng uff de Gass be-
schäftigt warn.

Es war abber aach der Beginn von ere lange, nie lang-
weilische Hund-Mensch-Freundschaft, die unser Lebe,
wenn aach mit Höhe un Tiefe, doch sehr bereichert
hot. Nur aans war mir schnell klar worn: Nit mir warn
dem Hund sei „Herrche", des Herrche war de Caesar,
un so bleibt jeder Hundebesitzer en Lebe lang „dem
Hund sein Hund."

Hunde sin schon ebbes ganz Besonneres: Jeder, der in
seim Lebe mit Hunde gelebt hot, waaß genau, dass mer
mit dene richtich kommuniziern kann. Mir habbe oft
gestaunt, wie schnell uns der Caesar klar mache konnt,
was er uns saache wollt. Er war zum Beispill beleidischt,
wenn mern zu lang allaans gelosse habbe, abber sofort
aach widder gut, wanns ebbes zum Fresse gab. Unsern
Caesar hatt die Fresssucht.

Jahre später wurd mir aach klar, warum der Hund domols zum Sonderpreis verkaaft worn ist: Alles, abber aach werklich alles, was ihm in de Weech kam, wurd gefresse odder aageknabbert. Mol wars en halb Pund Butter, was er mitsamt Silberbabier verschlunge hot, un ich konnt drei Daach hinnerher noch die dünnflüssiche Spurn – leider aach im Haus – wegbutze.

Ich hatt zum Beispill emol Freunde zum Kaffee un Kuche eingelade, un nachdem ich die Tasse gefüllt hatt, konnt ich nur am Uffdotze der Torteplatt in de Küch uffem Staabodde heern, dass mir direkt zum Wei un Hausmacher Worschtteller übbergehe konnte. Der Kerl hatt in seiner Gier den Kuche vom Disch geholt un die Hälft uffgefresse.

Mer lernt mit em Hund. So ebbes bassiert nur aamol. Abber er hot sich im Lauf der Jahre immer neue Frechheite eifalle losse. Trotzdem hab ich em immer verziehe. Des greeßte Geschenk, das er uns gemacht hot, warn sei Dankbarkeit un sei Treu uns geecheübber.

Des Lebe von eme Hund is gemesse an eme Menschelebe leider korz. Des sollt mer von Aafang aa wisse. Kaan Hund der Welt kann uns en Lebe lang begleite. Un so bringts en Hund aach fertig, „sein" Mensch wisse zu losse, wann er nit mehr lebe will. Mein Caesar bekam mit zehn Jahr Rheuma in de Hinnerläuf un des Laafe is em zusehends schwerer worn. Aanes Daaches hot er mir den entscheidende Blick zugeworfe, un ich habs gleich kapiert. Mer kann den Moment schwer in Worte fasse. Ich wusst abber genau, dass es Zeit für ihn war. Zeit, für immer zu gehe. Ich hab de Tierarzt informiert.

Des war de letzte un schwerste Liebesdienst, den ich

meim gude Hund und Freund nooch zwölf Jahr erweise konnt.

Mei Herz war schwer. Wochenlang wurd ich hinnerher oft nachts wach, weil ich den nicht mehr vorhandene Korb in de Diele hab gaagse heern, so wie wann sich unsern Caesar drin umdrehe deht.

Noch heut denk ich oft an den klaane Feierdeibel, der bis zum Schluss eifersüchtig uff alles war, was in meiner Näh uffgetaucht ist.

Un wer vorhat, sich als Weihnachtsgeschenk en Hund auszusuche, dem kann ich nur warnend mit uff de Weech gebbe: Guckt euch lieber en Hundefilm dreimol aa, schlaft dann fünf Nächt drübber un denkt zeitlich zwölf Jahr weiter in die Zukunft. Wenn mer des gründlich gemacht hot und immer noch der Meinung is, dass mer unbedingt en Hund habbe will, dann kaaft en. Ich hab die Zeit, die ich mit meim Caesar verbracht hab, nie bereut. Obwohl ich immer dem Hund sein Hund war.

HEILICHOBEND DEHAAM

Heilichobend is jedes Jahr immer e bissje annerst bei uns. Mol so, mol so. Aans abber gab's immer gleich: Königinne-Pasteetscher als Heilichobend-Esse.

Des ganze Jahr übber habbe mir uns all druff gefreut. Die Tante Ria aus Wissbade hot die Sooß vorbereit un kam mit em Dippche aa, des wo nur for des aane Gericht an Weihnachte benutzt worn is un des auße hellblau emalliert war. An manche Ecke war die Lasur schon abgeplatzt, un mer hätt aach sicherlich en scheeneres Dippe defor nemme kenne. Abber es war so Usus, un desdeweeche hat des Dippche aach for uns immer en besonner Bedeutung gehabt. Die Weihnachtsdaache sin bei uns in de Familje meist sehr harmonisch verlaafe, abber es gab aach schon Heilichobende, wo die Sach nit so glatt ging.

Un der besonnere Heilichobend fing wie immer so aa: Die Tante Ria un die Oma aus Wissbade sin vom Vatter um die Kaffeezeit abgeholt worn. Die Tante hatt ihrn klaane Pudel debei, der jedem im falsche Moment in de Fieß erumgelaafe is.

Unser Mutter hot in de Küch die letzte Vorbereitunge getroffe, die Oma hot derweil im Esszimmer de Disch gedeckt, de Vadder war im Keller zugang, um schon emol nooch em gute Troppe Ausschau zu halle, un mir Kinner sin mit hochrote Köpp in de Badewann rumgetobt un habbe, ohne Uffsicht, des Badezimmer fast komplett unner Wasser gesetzt. Im selbe Stock war aach des Bescheerzimmer, sonst unser normal Wohnzimmer, in des abber kaaner von uns Kinner vorher neigucke dorft. Nur der intensive Geruch vom Tannebaum wars, der uns uff de Bescheerobend eigestimmt hot. Des

Christkind hot aageblich für jedes Kind die Geschenke wie jedes Jahr uff die Stühl verdeilt un offenbar aach genau gewusst, was mer sich gewünscht hot.

Endlich wars soweit.

Unser Mutter hot schnell noch ihr Kichescherz mit em vornehme Kleid gedauscht, de Vadder musst sich zimmlich widderwillig en Krawatt umbinne un sich in sein Sunndaachse Aazuch zwänge, während die Omas und die Tante schon erwartungsfroh in ihre graue Kostümcher bereitstande.

„Zuerst wird gesunge, nit dass ihr euch gleich uff die Geschenke sterzt", war jedes Jahr des Erste, was mir geheert habbe, als endlich die Dier mit Glöckchergebimmel uffging.

Dieser erste Moment is und bleibt wohl aach de Scheenste am Heilichobend. Der Geruch von de Kerze, de Tanne un de Plätzjer, der Aablick von dem strahlend glitzernde Tannebaum mit de bunte Kuuchelcher, Sterncher, dem silbrige Lametta un dem Goldengel an de Kipp, nit zu vergesse des mit Moos umleechte, alte Krippche unnerm Baum, des is aafach für immer in meim Gedächtnis un weckt heut noch wohlige Weihnachtsgefühle in mir uff.

Was abber in dem Jahr nach dem korze, heilische Aacheblick bassiert is, hot mit stiller Weihnachtsaadacht nix mehr zu due. De Pudel Pucki is stracks an de Weihnachtsbaum gerast un hot aagefange, des Moos am Krippche im Zimmer zu verdeile. Unser Tante hot zwar mit hysterischem Geschrei versucht, den Hund zur Räsong zu bringe, während der Vatter, schon leicht in Rage un mit rotem Kopp de Plattespieler mit de Wiener Sängerknabe in Gang gesetzt hot.

Un schließlich hot die Oma in den einsetzenden Chor gerufe: „Duht doch emol aaner den verdammte Köder unnerm Baum weg. Jetzt wird gesunge!"

Nach der erste Uffruhr habbe all ehrfürchtig vor dem Tannebaum gestanne. Der Hund war am Dischbaa aagebunne, de Vatter hot die Mussik lauter gedreht, un all singe mit dene Bubcher aus Wien: „O du Fröhliche" und „Stille Nacht, heilische Nacht". Mehr als zwaa Lieder wollt kaaner singe.

Endlich falle sich all in die Ärm, als hätte se sich jahrelang nit mehr gesehe, un jeder wünscht dem Annern: „Fröhliche Weihnachte."

Die Mutter, die Omas und die Tante verdrücke e paar Träncher. „Was für ein wunderschöner Baum. So schön war er ja noch nie." Jedes Jahr die gleiche Sätz.

Endlich war die Prozedur vorbei, und mir Kinner sterze an die Stühl, wo die eingepackte Päckelcher lieje. In Windeseile hot sich jetzt das schön geschmückte Weihnachtszimmer in en Chaos von uffgerobbtem Weihnachtsbabier verwannelt, in dem sich der mittlerweile widder freilaafende Pudel erumwanselt.

Mit rote Kepp wurd jetzt aa Paket nach em annern uffgerobbt. Un bei manchem war die Freud groß.

In dem Jahr gabs Träne bei meiner Schwester Ariane. Weil se mit dem Geschenk so gar nix aazufange wusst: Uff dem Stuhl von ihr stand en aanzisch Kaffeetass mit Unnerdeller, die nit in Weihnachtsbabier ingewickelt war. Sie wusst jo nit, dass en komplett Kaffeeservice in de Schloofstubb abgestellt war. Abber was soll en zwölfjährich Meedche dann mit eme Kaffeeservice for 12 Persone? Des Geschenk war als Aussteuer vorrausschauend gedocht un weil mer als Tienedscher (Teenager) mit so ebbes übberhaupt nix aafange kann, gabs aach de ganze Obend nur beleidischte Schnute zu sehe: Von de Oma un de Tante, die des Serviss kaaft hatte, un von meiner Schwester. Die hot sich zornig in ihr Zimmer verzooche.

Mei Mudder hot so gedaa, als wann nix wär und hot die gute geschliffene Bleikristallweigläser uff de Disch gestellt, die mer nur for feierliche Feste aus em Schrank holt, un de Vatter hot stolz en honichfarbene Wei eigeschenkt. „Also dann: Fröhliche Weihnachten und Prost!" seht de Vatter un stößt mit jedem aa. „Prost" kams von alle Seite.

„Der Wei riecht abber komisch", saat do plötzlich die Oma.

„Ja, so gar nit wie Wei, gell? Schmecke duht er mir eichentlich aach nit. Heut is doch Heilichobend, saache mol, Hansi, hoste dann kaan bessern Wei in deim Keller gefunne? Mir sin doch hier in eme Weingut", hot die Tante vorwurfsvoll ihrm Neffe zugeraunt.

Des war zuvill. So ebbes konnt sich mein Vatter bei aller Ehrfurcht dene alte Dame geecheübber nit gefalle losse. Er hot vor Zorn die Flasch genomme un den Rest grad ins Krippche geschitt.

„En 53er Trockebeernausles hab ich for euch erausgesucht. Die aanzisch Flasch, die ich im Keller uffgehobe hatt. Mir langts! Ihr seid alle so was von verwöhnt. Trinkt Bubbes. Ihr verdients nit annerst."

Un ab is er, nunner in sei Bürro. Die Stimmung im Bescherzimmer war jetzt uff Null.

Der Pudel, der mittlerweile im Nebezimmer eigesperrt worn is, hot dort zur zusätzlichen Freud meiner Mutter noch sei Geschäft verricht, weil jo kaaner mit

65

em „Gassi" gange is. Langsam wurds brenzlich. In de Luft loderte Krach an alle Ecke.

Ich wusste, dass jetzt nur noch aans den Obend rette konnt: die Pastetcher von de Tante Ria.

Die Mudder verzooch sich schnell in ihr Kich, hot des Esse vorbereit un uns, als es Zeit war, ins Esszimmer gerufe.

So kame se all widder brav aus ihre Zimmer. Mei Schwester, die sich immer noch nit übber die Kaffeetass beruhischt hatt, de Vatter, der sein Kellerbericht im Bürro aagefange hat, un der Rest der Familie. Alle hatte Hunger und freute sich uffs Esse. Die Oma und die Tante hatte en schlecht Gewisse weeche dem Ausrutscher mit der Trockebeernausles un habbe ganz klaamännchjes gefraacht, ob von dem gude Troppe noch ebbes übbrig wär; die süße Plätzjer hätte sicherlich de Geschmacksinn verännert.

Un de Vadder war bei Aablick von de herrlich duftende Pastetcher, die es jo aach nur an Heiligobend gab, schnell widder versöhnt, dann hot er noch en 59er Trockebeernausles uffgemacht un uns Kinner sogar emol den gude alte Troppe probiern losse. Der Weihnachtsfriede war for den Rest der Feierdaache widder hergestellt. Des Kaffeeservice is später geeche en Kasperletheater umgedauscht worn, und jeder war's zufridde.

Nur schad, dass ich kaa Geleeschenheit mehr hatt, die 53er Trockebeernausles zu probiern.

Die Reste klebe wahrscheins immer noch am alte Krippche, wann's des noch gebbe deht.

WEIHNACHTSZEIT – SCHNEEMANNZEIT

Wenn de Schnee duht lieje bleibe
un de Frost kloppt an die Scheibe,
wann's nach Plätzjer duft, ihr Leit:
Dann is endlich Weihnachtszeit.

Um uns Kinner von Geschenke
an Heiligobend abzulenke,
hatt oft de Vadder in der Kält
mit uns en Schneemann uffgestellt.

Mit kuschelische Wollhandschuh
warn Kuuchele gerollt im Nu,
drei Stick übbernanner als Figur
un fertisch war die Kreatur.

Zwaa Aache warn aus Eierkohle,
en Karott wurd aus de Kich gestohle,
die gab sei lustig lang rot Nas.
Als Hut trug er en Einweckglas.

Uff de Bauch drei Kohle dann,
es fehlt, womit er lache kann.
Lehmklicker als Mund gesteckt
so war der Schneemann fast perfekt.

En Bese noch im dicke Arm,
dann guckte mer den Kerl uns an
bis die Sonn mit warmer Kraft
ihn uffgeleckt un fortgeschafft.

So schnell wie er von uns gebaut
war er aach widder uffgetaut.
Mir krische dann im Kinnerchor
den Vers dem arme Kerl noch vor:

„Schneemann, bist en arme Wicht,
host en Stecke – wehrst dich nicht,
schmilzt eweck im Sonneschei.
Nie wolle mir en Schneemann sei.“

EINBRUCH IM WEIHNACHTSZIMMER

In de Heidi ihrer Familie war des Weihnachtsfest immer gut geplant un von de Eldern perfekt vorbereit worn.

Daachs vorher is haamlich en riesische Tannebaum im Mussikzimmer uffgestellt worn. Un ab dem Zeitpunkt war for die Kinner die Stubb bis zum Heilichobend zugeschlosse.

Mer hot nur noch Geräusche vernomme, wann die Mutter im Zimmer de Baum mit bunte Glaskuuchelcher, Kerze un vill Lametta geschmückt hot. Un nur, wann mer die Ohrn fest an die Dier gepresst hot, konnt mer heern, wie die Betttücher gerauscht habbe, mit dene die Eltern die wunderschee eingepackte Geschenke uffem Sofa un uff de Sessel abgedeckt habbe. Falls aaner unerlaubt dorchs Schlüsselloch lubscht. Jedes Jahr war es immer die gleich Prozedur: Wanns endlich soweit war, hot am Bescheerobend ganz leise im Zimmer drin e Glöckche gebimmelt. Un das war dann des Zeiche for die Heidi un ihr Brüder, dass se endlich in den weihnachtlich geschmückte Raum enei dorfte.

Un wie jedes Jahr sin – wie fast übberall – zuerst Weihnachtslieder gesunge worn. Weil die Heidi Klavier- un ihrn Bruder Paul Geigeunnericht hatte, musste die zwaa die ganz Lidanei von Weihnachtslieder, die se während de Adventszeit Daach for Daach for den große Ufftritt eigeübt hatte, de Eldern vorspille. Wenn es mit dem Tempo odder de Note nit ganz gebasst hot un die Heidi alsemol aus em Takt kam, hot de Paul ihr mit seim Geigebooche uff de Rücke gekloppt. Es war for des klaane Meedche schon schwierisch den richtische Ton zu finne, wenn die ganz Familije ferschterlich falsch dezu gesunge hot.

69

Erst als des ganze Weihnachtsliederheft abgespillt war, gabs die Geschenke. So war es immer.

Abber an dem Weihnachte hatt die Heidi während dem Klavierspille en ganz schlecht Gewisse gehabt.

Sie hatt nämlich zusamme mit ihrm Bruder ebbes Schlimmes aagestellt, un wie se aus dere Sach jetzt widder rauskomme sollt, des wusst se zu dem Zeitpunkt während der Singerei noch nit.

Die Heidi hatt in de Sommerferie in Italien uffem Markt en Bobb entdeckt, die se unbedingt habbe wollt. Kaaft krieht hot se se abber nit.

In dem Jahr, kurz vor de Bescherung musste die Eldern noch emol zur Weihnachtsfeier ins Krankehaus nach Rüdesheim, wo de Heidi ihrn Vadder Chefarzt war.

Paul, der vier Jahr älter war als sei Schwester, hot sicherlich zu dere Zeit nit mehr ans Christkind gegläabt. Er war handwerklich sehr begabt un so habbe die zwaa die Zeit genutzt, um gemeinsam mit em selbstgebastelte Dietrich unerlaubt die Dier zum Weihnachtszimmer uffzubreche.

Die Heidi fand die Idee klasse, abber e bissje mulmig wars ihr schon, schließlich konnt mer devon ausgehe, dass des Christkind allgeechewärtig war un den Einbruch sicherlich von irchendwoher beobachte deht.

Abber de große Bruder war jo debei un nachdem se mit de Taschelamp im Zimmer stande, hot se ganz vorsichtig mol unner alle Bettlake gelubscht, um zu sehe, was do drunner versteckelt war.

Un do saß doch tatsächlich die Italienerbobb im Weihnachtszimmer uffem Sofa, noch zugedeckt unner dem weiße Bettuch. Runderum drapiert warn viele klaane selbstgehäkelte Kleidcher, die wo die Tante Else aus Ostberlin geschickt hatt. Richtische klaane Meisterwerke.

Übberglücklich hot se die Bobb in de Arm genomme, hot se geküsst un sich gefreut, dass se den weite Weg von Italien nit gescheut hatt und ganz offenbar vom Christkind persönlich übber die Alpe in de Rheingau geflooche worn is.

In Werklichkeit warn ihr Eldern domols annern Daachs noch emol uff de Markt gefahrn, um die Bobb als Weihnachtsgeschenk zu erstehe und se dehaam erst emol im Schrank en halb Jahr zu versteckele.

Mit Feuereifer un hochrotem Kopp hot die Heidi sofort aagefange, der Bobb die ville annern Kleidcher, die noch drumerum lage, aa- und auszuziehe. Vergesse war des schlecht Gewisse. Bis de Paul rief: „Achtung, die Eldern komme widder. Ich seh die Scheinwerfer vom Audo in de Garaascheeifahrt!"

Fast ohnmächtig vor Schreck musst unser Heidi jetzt sehe, wie se in Windeseile die Bobb uff des Originalkleid umgezooche un widder so drapiert hatt, wie se alles vorgefunne hatt.

Schnell des Betttuch dribber geworfe un nix wie naus, war jetzt aans. De Paul hatt sei Schaff, die Dier rechtzeitich mit dem Dietrich widder zuzuschließe, bevor die Eldern die Trepp enuff kame.

Un jetzt also saß die klaa Heidi mit zittriche Fingercher am Klavier, hatt brav alle Weihnachtlieder gespillt un war gespannt, was sich unnerm dem Betttuch seit dem Einbruch ins Weihnachtszimmer abgespillt hot. Ob des Christkind die Bobb widder abgeholt hot?

Ob die Eldern ebbes gemerkt habbe? Na, nix is bassiert. Die Italienerbobb saß ganz brav in ihrm Sommer-kleidche mit braune Locke uffem Sofa, hot de Heidi die Ärmscher entgeesche gestreckt un se aagelacht, als wie wann nix gewese wär.

„Na, freust du dich über die schöne Puppe, Heidi? Die hast du dir doch gewünscht", hot die Mudder ihr Kind aagestrahlt.

„Ja", saat die Heidi voller Übberzeuchung, abber e bissje verunsichert. Dann guckt se de Eldern abber fest in die Aache un saat: „Ja, des is genau die Bobb, die ich mir so gewünscht hab. Abber des Winterkleidche mit dene rote Rösjer steht der Bobb viel besser als des, was se jetzt aahot."

Bevor mer drübber naachdenke konnt, was die Heidi dodemit gemeent hatt, kam de Rauhaardackel Lido ins Zimmer un hot unnerm Christbaum wie doot alle Viere von sich gestreckt.

Sofort war die gesamte Uffmerksamkeit uff den Vierbaaner gelenkt. Später hot sich erausgestellt, dass sei Extraration an Weihnachtswertscher nit gelangt hot un der klaane Kerl die ganz Schachtel mit de Edelpraline, die eichentlich for die Mutter gedacht warn, aus em Schloofzimmer von de Eldern gemopst un bis uff die Babierschachtel restlos uffgefresse hatt.

Somit war die Familie for den Rest des Obends be-schäftigt, den Hund widder uff die Baa zu krieche, un kaaner hot je ebbes von dem Einbruch im Weihnachts-zimmer von de Heidi und em Paul erfahrn.

WEIHNACHTE MOL ANNERSTWO

Irgendwann war ich es leid: „Also werklich", saat ich zu meim Mann, „der ganze Weihnachtstrubel geht mir allmählich zimmlich uff die Nerve. Komm, loss uns doch unser Silberhochzeit in Thailand verbringe. Alles hetzt un rennt, nur weil Weihnachte widder mol so plötzlich vor de Dier steht. Ich mach den hektische Trubel nit mehr mit. Wo mer hikimmt, nur modernes Weihnachtsgedudel un hunnerte von Nickeleesjer uff de Gass. Seit September gibt's den ganze Weihnachtszinnober. Ich will aachfach mol wo annerst feiern."

Unser Hochzeitsdaach is de 22. Dezember. Des hot zeitlich gut gepasst. Mei Mudder war gar nit glücklich übber die Vorstellung, dass aans von ihre Kinner an Weihnachte nit dehaam is.

„Weihnachte ist doch so schee dehaam. Ich waaß gar nit, wie du uff so en Idee kimmst, Weihnachte fortzufahrn. Wann de irchendwo hikimmst, wo mer nit so feiert wie dehaam, wärst de aach nit zufridde."

Abber genau das wollt ich jo. Mol dohi fahrn, wo es nit so verdammt weihnachtlich is wie dehaam.

Mein Mann war einverstanne, un so habbe mir zwaa Woche Thailand in Pukhet am Meer gebucht.

Weihnachte am Strand. Was für eine exotische Vorstellung. Palme, Meer un schee Wetter, kaa Weihnachtsmärkt, kaan Glühwein, kaa Lichterkette, kaa Hektik, kaan Gänsebrate.

Also ab mit dem Fluuchzeuch in de Hochzeitsurlaub. Am Flughafe leider schon die erste Panne:

„Frau Neradt, Ihr Pass ist nicht mehr gültig. Wir können Sie leider nicht mitnehmen."

„Des kann nit sei", saach ich der Fraa am Schalter.

73

„Mein Pass hatt noch drei Monat Gültigkeit."

„Ja, das ist richtig, aber für Thailand brauchen Sie einen Pass mit mindestens sechsmonatiger Gültigkeit. Das ist nun mal Gesetz. Wir können Sie gern auf die Passagierliste für morgen Nacht buchen. Bis dahin besorgen Sie sich einen vorläufigen Pass von Ihrem Amt."

So hot se geredd un uns mit ner unfreundliche Handbewechung abgeschobe, um die Masse von Mensche abzufertische, die sich mittlerweile hinner uns an den Schalter aagestellt hatte un die anscheins die gleich Absicht verfolschte wie mir. Mit dem Unnerschied, dass die an dem Obend noch mitflieje konnte.

„Do habbe mer den Salat", saat mein Mann, „wärn mer nur dehaam gebliebe, dann hätte mer den Ärjer jetzt nit un mir hätte 200 € Umbuchungsgebühr gespart."

Mir musste jemand dehaam aarufe, der uns am Flughafen abgeholt un widder haamgefahrn hot.

Also Koffer widder ins Auto un schnurstracks in die Straußwirtschaft, um uff den Kummer aan zu trinke. Was habbe se dehaam übber uns gelacht! „No, des war abber en korz Hochzeitsreis, wollt er doch lieber dehaam Weihnachte feiern?" Wer de Schade hot, braucht for de Spott nit zu sorche.

Annerndaachs gings uffs Amt, um en vorläufische Pass zu hole. Fünf Woche vorher hatt ich en neue zwar beantraacht un war der Meinung, dass die vom Amt bei mir – wie ausgemacht – aarufe, wann ich en abhole könnt.

„Ihr Pass liegt schon seit drei Wochen hier."

„Un warum habbe Sie mich nit benachrichtigt?"

„Meine Kollegin war in Urlaub und hats vergessen."

Mein Mann fing aa zu koche un wollt sich beschwern.

„Beruhisch dich", saat ich, „jetzt is jo alles in der Reih, und mir könne heut obend nooch Thailand."

Dann ging alles reibungslos. In Pukhet aakomme, schläächt uns feucht-heiße Luft entgeesche. Nix war mehr vom Suddelwetter in Deutschland zu spürn. Noch aa Stund übber Land mit em Bus, un dann warn mer am Zielort. Die Hotelaalaach war originell. Jeder Gast hatt en eichenes klaa Holzhaus bewohnt. Wie dorch en Urwald musst mer laafe, um de nächste Nachbar zu finne. Wild romantisch. Einfach toll. Abber die Spuren von dem schreckliche Tsunami, der vor einische Jahrn hier aach gewütet hot, warn noch deutlich zu sehe. An de Rezeption habbe se uns bei der Begrüßung gleich gesaat, dass es die letzte Weihnachte in dem Hotel sind. Es deht gleich am Aafang vom neue Jahr abgerisse wern. Mir warn gespannt, wie die letzte Weihnachte dort also zelebriert wern.

Von Weihnachtsgedöns erst emol keine Spur.

Die klaa Thailänderin, die unser Zimmer gericht hot, hot uns abber vorgewarnt: Für die übberwiechend europäische Gäst hätt die Hotelmannschaft an Heilichobend am Strand ein perfektes Weihnachtsprogramm sammegestellt. No, dann wolle mer mol gucke, was wern die in Thailand annerst mache als dehaam.

Naach em Auspacke sin mir erst emol ans Meer, um den Sonneunnergang zu bewunnern.

Am Strand stand uff ner große Bühn en riesiche Laubbaum mit viel dicke bunte Lamettastreife un Glitzersterncher. Dehinner war en künstlich Schneelandschaft mit Schneemänner aus Styropor un silbern aagemolte

Schlitte zu sehe. „Wie dehaam", dacht ich noch. Abber es sollt doch annerst komme.

Obends gabs ein außergewöhnliches Büffet, des mir barfuß mit Meeresrausche im Hinnergrund sehr genosse habbe. Dann begann des Programm, was vom Hotel arrangschiert worn ist.

Thailändische junge Meedcher in wunderschöne bunte Kostüme habbe „O du Fröhliche", „Stille Nacht, heilige Nacht" un weitere bekannte deutsche Weihnachtslieder vorgetraache. Un alle Hotelgäst habbe aadächtig mitgesunge. Un dann kam er leibhaftig un gewaltig am Strand aageritte: En winzig klaane thailändische Nickeloos saß uff em riesische Elefant.

„Hohoho, Merry Christmas", hot er alsfort mit em Piepsstimmche gekrische un is mit dem rot-weiß geschmückte Dickhäuter an uns vorbeigestampft. Mir habbe uns vor Lache nit mehr eikrieht. De Nickeloos uffem Elefant! Des war zwar lustig, aber so richtig gefalle hots mir doch nit.

„Schon komisch", saat ich zu meim Mann, „mei Mutter hatt doch Recht, als se mich dehaam gewarnt hot: Wann mer irchendwo hikimmt, wo mer nit so Weihnachte feiert wie bei uns, wärste de aach nit zufridde."

Weihnachte mol annerstwo is zwar e schee Abwechslung, abber irchendwie brauch ichs doch, den Gang übbern Weihnachtsmarkt, de Glühwein, die Eiseskält, die Jinglebellsmussik un aach die ville Nickeleesjer. Mol sehe, ob es uns packt un mir widder vor dem Weihnachtstrubel fliehe. Vorerst emol bleibe mer hier. E bissje Weihnachte dehaam braucht mer doch irchendwie.

Vorweihnachtsurlaub

Mein Mann Fritz un sein Bruder Heinz sin letzt Jahr korz vor Weihnachte noch emol zum Skifahrn ins Zillertal. Selbstständisch, wie mein Mann schon immer war, hot er sein Koffer wie jedesmol selbst gepackt un is losgefahrn.

Annern Moin, kaum im fremde Bett am Urlaubsort wach worn, heert de Heinz nur aussem Nebezimmer: „So ein Mist. Ich hab die falsche Skihose eigepackt."

Mein Mann hatt uff em Speicher nämlich versehentlich mei schwarz Skihos eigepackt, die allerdings nit Größe 56, sondern 38 hot. Also is er stinksauer ins nächste Sportgeschäft un hot sich en neu Skihos kaaft. Kaum im Hotelzimmer zerick, versucht er sich in die schwarzweiß Skijack eninzuzwänge, die genauso aussieht wie mei, weil mir zwaa gleichfarbene Aazüch habbe.

Zornig hot er gerufe: „Des glaab ich jetzt nit. Jetzt muss ich mer aach noch en neu Jack kaafe. Ich hab aach noch die Skijack von meiner Fraa eigepackt."

Es sollt jo eigentlich en preiswerte Urlaub wern, jetzt hot die Welt abber schon annerst ausgesehe.

Im Lade hot er der Verkäuferin verklickert, dass er zu seiner neue Hos jetzt noch en Jack bräucht, die abber ganz schlicht un aafach un vor allem nit zu deuer sein derft.

Unnerdesse wollt ich dehaam – noch ahnungslos – uff em Speicher endlich mol uffräume un musst mit Entsetze feststelle, dass mein Göttergatte mei Skimontur mitgenomme hatt.

Ich hatt em vorsorchlich korz vor der Abfahrt extra sei Skizeuch ganz vorne an die Speichertrepp gehängt, damit er es gleich find't. Un da er seit dreißig Jahrn beharrlich sein Koffer selbst packt, hot er mit so vill Fürsorch gar nit gerechnet.

Ich hab versucht, ihn noch übbers Handy zu erreiche, abber do warn die Zwaa schon längst übber alle Berje. Außerdem wär's sowieso sinnlos gewese.

Nach dem erfolgreiche Einkauf von eme funkelnaache neue Skianzug stand dene Männer jetzt nix mehr im Weech, un sie warn gerüst for die Piste.

Do fällt meim Mann doch noch rechtzeitich ein, dass in der Jacketasch von meim Aazuuch en Tub mit Handcreme war. Die Händ wollt er sich noch schnell einschmiern, damit se in de Skihandschuh nit zu trocke wern. Schee fest hot er die Crem in die Finger ingeribbe. Aach unners Nagelbett.

Sibbe Sonne warn am Himmel. Jetzt stand em herrliche Skidaach abber werklich nix mehr im Weech. Ab gings endlich uff die Piste.

Um die Middaachszeit habbe sich die Pisteläufer in e warm Hütt zum Esse higesetzt. Wie mein Fritz sei Handschuh auszieht, hot en fast de Schlaach getroffe: Sei Finger warn so braun, als wann er in en Joddippe gefalle wär. Vor allem aach unner der Näächel. Die Händ habbe ausgesehe wie bei eme Schmied naach em Hufeschlaache, inne wie auße.

Erst konnte sich die Zwaa kaan Reim druff mache wo die Farb herkam. Sie habbe ganz verwirrt die Handschuh unnersucht. Nix, was se entdecke konnte. Erst obends widder im Hotelzimmer zerick, habbe se die Lösung gefunne: In meiner Skijacketasch hot er die Tub „Handcrem" nochemol studiert. Dissmol mit Brill: „Selbstbräuner" hot druffgestanne. Un als er nach drei

Daach widder dehaam aakam, war er braungebrennt. Allerdings nur an de Händ. In Zukunft wird er wohl sei Klamotte genauer studiern, bevor er widder so en Männer-Skitourche korz vor Weihnachte macht.

MISTER DISNEY

Als mein Bruder Stefan uff die Welt kam, war ich schon elf.

So ganz geplant war er wohl nit mehr, abber als der klaane Wonneproppe do war, stand die ganz Familie Kopp. Unsern klaane Nachkömmling war von Aafang aa aach „mei Kind". Mit fast 12 dorft ich den Dreikäsehoch im Kinnerwaache spaziernfahrn. Des hab ich schon deshalb gern gemacht, weil ich mich mit meiner Freundin un de Bube vom Ort im Wald treffe konnt, und somit war mein klaane Bruder Stefan ein wunderbares Alibi für Spiele, von dene mei Eltern nit die geringste Ahnung hatte. Da die Karl-May-Filme grad modern warn un mir in Martinsthal den scheenste Wald vor der Hausdier habbe, wurd am „Kühbersch" im Sommer Indianer und Cowboy gespillt. De „Häuptling" Jockel war de Aaführer un weil er mit fast verzeh de Ältst war, konnt er alles bestimme, was die klaane Bube für ihn mache musste: zum Beispiel Höhle im Wald ausbuddele, mit Äst un Laub beleeche odder Pfeil un Boge aus Äst un Zweiche schnitze. Was mer halt so alles in so em „Indianercamp" braucht. Ich war aa von de auserkorne „Indianerfraue". Ich musst mich allerdings erst emol mit dem Kinnerwaache dorch die lange steile Wingertszeile hochquäle, um dann im dustere Wald mit dem klaane Stefan in ere ausgebuddelte Laubhitt zu hocke un solang mit dem zu spille, bis der aagefange hot zu kreische, weil er Hunger krieht hatt un haam wollt. E bissje Verliebtheit in den „Indianerhäuptling" Jockel war nadierlich debei, sonst hätt ich so doofe Spillcher aach gar nit mitgemacht.

Jedenfalls muss unsern Stefan als unser aller gemeinsames „Indianerkind" irschendwie for sei weiteres Lebe do sehr geprächt worn sei, sonst hätt er in seim Garte später nit sogar en extra Holzhütt zum Übbernachte zum Spass for sich, sei Fraa un sei Kinner gebaut un en übberlebensgroße Plastik-Cowboy davor uffgestellt.

Er hot die Leidenschaft sogar soweit getribbe, dass er sich, seiner Fraa und seine zwaa Döchter Lisa und Marie an Weihnachte 2000 en Besuch im Disney-Land in Frankreich geschenkt hot – die Weihnachtsüberraschung war gelunge.

Mer hot sich uff den Kurz-Urlaub ins Mickeymouseland arich gefreut. Noch in de Weihnachtsferie im Januar hot sich die Familie mit ihrm Wohnwaache uff de Weech nooch Paris gemacht.

Die Kinner un mei Schwächerin Andrea warn schwer erkält, un so en rechte Spass hatt eichentlich kaaner mehr. Außerm Stefan. Im Park aagekomme, musste se feststelle, nachdem se die lang Schlang an de Kass gesehe habbe, dass se trotz der ungemietliche Jahreszeit nit die aanziche Gäst warn.

Hordich hot de Stefan entdeckt, dass es hunnert Meter weiter noch en Einlassstell gab, wo kaum Leut aagestanne hatte. Also schnell mit der verschnuppt Familie dohi. Doch dann habbe die Vier des unglaablichste Erlebnis in ihrm Lebe gehabt: Sie wollte grad die Eintrittskarte kaafe, do habbe aus alle Ecke laute Fanfaren gebloose, un plötzlich stande die lebensgroß Mickey Mouse, die sibbe Zwerche un des Schneewittsche vor dene verschrockene vier Martinsthaler.

Sie warn in dem Aacheblick die hunnertmillionste Besucher, die dorch die Eigangsdür vom Disneypark in Paris enei sin un warn ab sofort zu lebenslange Ehrengäst erklärt worn. Uff de Stell warn Fotografe und Fernsehkameras aus aller Welt um se erum, un es ging en Mordszinnober los

Die klaane verrotzte Meedcher wurde zusammen mit ihre Eltern uff en geschmückte Waache gehievt, un ab gings mit viele lebensgroße Disneyfiguren im Gefolche dorch den Park.

Vorm Dornröschchenschloss hot de Präsident vom Park se persönlich empfange: „Wir freuen uns sehr, mit der Begrüßung des hundertmillionsten Besuchers ins neue Jahr zu starten. Dieses Ereignis ist ein wichtiger Meilenstein in der Geschichte von Disneyland Paris und stellt noch einmal unsere Position als beliebtestes Kurzreiseziel heraus.‟

En Presserummel, den die vier Auserwählte gar nit so recht begreifen konnte. Abber es hot werklich de Richtische getroffe. Die Familie hot en Familieticket uff Lebenszeit for alle Disneyparks der Welt kriecht. Un mehr noch: An dem Wochenend sin dann Träume, nit nur for die Kinner, wahr worn. Des Ereichnis in Paris wurd for die Familie zu eme unvergessliche Wochenend. Die Meldung ging mit Foto 23.000 mol um die Welt, un in Martinsthal flatterte aus alle Ecke vom Kontinent, selbst aus de kleenste Provinzblätter in Kalifornien, Südafrika odder Italien, Berichte von der vierköppig Familie Seyffardt aus Martinsthal ins Haus. Ob RTL, Sat 1, Vox: Alle Sender habbe die vier Glückskinner im Fernseh gezeicht.

Den Wohnwaache, mit dem se aagereist kame, konnte se stehe losse. Mit Sack un Pack sin se in en Hotelsuite mittem im Park umgezooche, in der schon de Boris Becker und de Michael Jackson residiert hatte.

Un am nächste Moin saße des Schneewittchen, die Mickey Mouse un de Donald Duck persönlich mit de Familie rund um de Disch un habbe mitgefrühstückt. Schnuppe un de Huste warn schlaachartig verflooche, un die Familie war nur noch im Winterwonderland-Rausch.

Ja, un so is Martinsthal mit aam Schlaach in aller Munde gewese. Seit der Zeit fährt unsern Stefan mit seiner Familie zwaamol im Jahr mit immer noch großer Begeisterung in „ihrn" Park in Paris.

Wie aafangs schon uffgeschribbe: Es hot de Richtische getroffe. „Mister Disney" werd er mittlerweile von seine Freunde genennt.

Un sicherlich bin ich als sei ältest Schwester mit unsere damalische Indianerspillcher im Martinsthaler Wald an seiner Leidenschaft nit ganz unbeteilischt gewese.

Marzipanwutzjer un Sauerkraut

Do leiht vor aam: blüteweiß un fast unschuldisch – de Kalenner fors neue Jahr.

Noja, so ganz neu is er nit mehr. Mer hot sicherlich schon e paar Termine eigetraache.

Normalerweise benutz ich fast nur noch de Kombjuder, abber in Sache Kalenner bin ich altmodisch. Jahr for Jahr übbertraach ich die Gebordsdaache, die Adresse und die Telefonnummern. Nadierlich doppelte Buchführung. Es könnt jo sei, dass aam die Gedächtnisstütz verlorn geht odder de Kombjuder absterzt, un dann? Un was nimmt mer sich vors neue Jahr nit alles immer widder vor? Ganz vorne stehe die Kilos, die mer abnemme muss, dann die langweilische, weinfreie Fastenzeit, mit dene mer sei Lebber for e paar Woche mol schone will.

Dauersport, wie Nordic Walking, den mer sich jeden Daach fest vornimmt, um fit zu bleibe. Un dann Erledischunge im Haushalt, die schon lang druff warde, dass mer sich endlich draamacht. Zum Beispill: alte Klamotte ausmiste, die Schränk mit de Geleegläser im Keller ausräume un auswische, die Fensterläde von auße abschrubbe, die Schublade vom ville Kruuscht befreie, die Garaasch uffräume usw usw..

Zwische de Jahrn hätt mer dodezu die scheenst Zeit. Abber genau die Zeit zwische de Jahrn is nit ganz ohne. Schon unser Vorfahrn warn devon übberzeucht, dass sich die Sonn uff em Rad um die Erd drehe deht un zur Wintersonnewend des Rad stillsteht. Desdeweeche sollt aach uff de Erd alles still stehe. Darum derft mer do uff kaan Fall schaffe un vor alle Dinge kaa Wäsch wäsche. Un schon gar nit übber Sylvester uff de Lein

84

hänge losse. Denn der germanische Kriegsgott Wotan deht sich in dere Nacht mit seim „Doodesheer" erumtreibe un wär stinksauer, wann er uff seim Deibelsritt in ere Wäschelein hängebleibt. Sicherlich glaabt kaaner von uns so en Bleedsinn, abber ich kenn ville, die zwische de Jahrn nit wäsche.

Ich aach nit, weil mer sich hier noch verzeehlt, dass dann im nächste Jahr jemand sterbe deht, den wo mer gut kennt. Darum sollt mer sich an erster Stell Gesundheit wünsche. Im zunemmende Alter braucht mer jedes Jahr besonners vill devon, un mer will jo noch e bissje des Lebe gesund genieße.

Un Glück sollt mer sich wünsche. Vill Glück. Dodezu geheert, dass mer Marzipanwutzjer und Sauerkraut esse muss, um Glück un Geld zu kriehe. Doppelt Glück bringts, wann mer em echte Schornschtefeecher die Hand gibt. Wer sich dann noch en gude Rutsch wünscht un Prosit Neujahr zurieft, dem kann eichentlich nix mehr bassiern.

Mein persönlicher Wunsch is, dass mir des neue Jahr zefridde, gesund un glücklich erlebe.

Also dann: Prosit Neujahr. Möge es gelingen.

EINLADUNG VON DE FERSCHTIN

Mei Frankfurter Freundin Doris lebt seit übber vierzich Jahr in San Francisco.

Alsemol kimmt se um Weihnachte rum in ihr alt Heimat und besucht uns nadierlich aach im Rheingau.

Wanns im Rheingau Winter werd un de Schnee übber de Wingerte lieht, dann hot des aach sein besonnere Reiz. Grad for Leit, die im schneefreie Kalifornien wohne.

Am zwatte Advent is se mit zwaa Freunde, de Irmgard un dem Jonas, dorch de Rheingau kutschiert. Kloster Eberbach, Niederwalddenkmal un zum Schluss nuff uffs Schloss Johannisberch mit Traumaussicht uff de Rhei. Ins Schloss selbst konnt mer nadierlich nit. Do hot domols noch unser russisch Ferschtin Tatjana von Metternich gewohnt.

Im gemütliche Gutsschank neberm Schloss kann mer sich mit eme heiße Glühwein und Weihnachtsplätzjer uffwärme un die Aussicht genieße.

Als es Zeit war haamzufahrn, wollt die Irmgard bezahle. Nadierlich ging jetzt des übliche Gerangel los, wer dann jetzt die Rechnung übernemme derf.

„Also gut", saat die Doris, die schon geahnt hot, was jetzt kimmt: „Wir klärn das gleich. Ich muss noch schnell mal für kleine Meedcher".

„Moment", saat die Irmgard, „ich waaß genau, dass du drauße jetzt alles bezahle willst: loss deine Handtasch hier."

Die Doris war einverstanne un hot die Handtasch widder uff de Stuhl gestellt.

Widder zerick, wird de Kellner an de Disch gerufe.

„Also, Doris, du bist unser Gast. Wenn wir zu dir

nach San Francisco kommen, übernimmst du die Rechnung. Einverstanden?" Un schon hatt die Irmgard ihr Portmonee gezückt.

Der Ober kam un saat: „Sie brauchen das nicht zu bezahlen, Sie sind heute unscre Gäste! Weil Sie der 100.000. Besucher in unserem Gutsausschank sind, übernimmt die Fürstin selbst ihre Rechnung."

„Die Fürstin hat uns eigelade? Ja, das gibt's doch nicht", saat do die Irmgard fassungslos zu dem Kellner. „Oder ist hier etwa die versteckte Kamera?"

De Kellner ging wortlos mit eme unnerdrickte Lache widder naus.

Noch tief beeindruckt hot die Irmgard ihrn Geldbeutel widder eigesteckt un sich umgeguckt, ob nit doch en Kamerateam odder en Zeidung in de Näh war.

So is de Doris ihrn Plan uffgange: Sie hatt in eme unbeobachtete Moment vorher schon ihr Portmanee in ihrn Jackeseckel gesteckt, hot alles bezahlt un konnt in Ruh jetzt drauße mit dem Kellner den Streich mit der Einladung von der Ferschtin aushecke. Mich hot se dehaam aagefleht, nix zu verrode, bis se widder uff Besuch kimmt un sie selbst dann mit de Wahrheit erausricke wollt. So habbe die Irmgard un de Jonas en Jahr lang des Märche von der großzügische Ferschtin im Ländche verdeilt un warn immer ganz versteert, dass mer von der Einladung nirgendwo offiziell ebbes erfahrn hot.

DE EVANGELISCHE ZAHNARZT

Als der neue Zahnarzt in de frühe 50er Jahrn sei Praxis in Walluf uffgemacht hatt, warn die Leit doch noch sehr kritisch un gespannt, wie sich so en Zahndoktor, der nit vom Rheingau war, hier sei „Kundschaft" hole will.

Mer hot nämlich erfahrn, dass er von Halle an der Saale kam, also von weit weg, un dass er aach noch evangelisch wär. Un das im stockschwarze, katholische Rheingau. Also mer musst uff de Hut sei vor so „Haargeloffene", die wo sich im Rheingau einiste wollte.

Mei Eldern hatte kaa Vorurteile un habbe beschlosse: Mer schicke unser knapp vierjährisch Dochter mol hi, und wann des Kind kaa Schrei ableht, kenne mir den Dokter aach ausprobiern.

Die Dochter war ich. De Zahnarzt war de Wolfgang Apitz.

Es war so um die Weihnachtszeit, wo aans von meine klaane Hackesjer – vielleicht vom ville Plätzjeschnuckele – ein Loch krieht hot, mein Backe immer dicker worn is un wo jetzt nur noch en Zahnarzt helfe konnt.

Das war die best Geleschenheit für mei Eldern, den neue Doktor emol uffzusuche.

Noch ahnungslos von dem, was uff mich zukam, bin ich brav zu dem „liebe Onkel Doktor" ins Untersuchungszimmer un hab mir neugierisch erst emol alles aageguckt, wo es schon ganz annerst geroche hot als sonst annerstwo. Runderum kalkweiße Wänd, en hohe weiße Ledderstuhl mit ner riesiche Rückelehn, die groß Lamp mit mindestens sechs grelle Leuchte, die an de Deck befestigt war, die ville Metallbestecke, die klaane Wattebäuschcher un aach des Ausspuckbecke, das warn Sache, die warn ebbes Neues for mich.

Un aach, dass der große Mann im weiße Kittel der Retter von meim erste kaputtene Zähnche sei sollt. Also hab ich mich, brav erzoche wie ich war, higehockt und uff Befehl vom „Onkel" Doktor: „So, jetzt machen wir mal den Mund weit auf", mein klaane Schnabbel uffgesperrt.

Des grelle Licht hot mir in die Aache geblendt, es wurd mir en Serviett, die an eme Metallfaden befestigt war, um de Hals gebunne un schon hot sich der fremde Mann, der mir langsam doch e bissje unheimlich worn is, gefährlich nah übber mich gebeugt. Mit uffgerissene Aache hab ich alles verfolcht un gesehe, wie er en lang und spitzes eiskaltes Metalldeil in mein Mund gesteckt und versucht hot, mir dodemit in de Zäh erumzufuhrwerke.

Als er die wund Stell im Mund gefunne hatt, hab ich schnell schmerzverzerrt de Mund zugeklappt un den Eisestift mit meine Zäh festgehalte. Naa, des war alles annere als des, was ich erwart hatt. So lieb war der Onkel Dokter doch nit. Des hot doch wehgedaa.

Dann hot er versucht mich rumzukriehe: „Aber Ulrikchen, du kannst ganz beruhigt sein, der Onkel Doktor will doch nur mal nachgucken, ob bei dir alles in Ordnung ist."

Stumm hab ich mit dem Kopp geschittelt. Es war nix mehr zu mache. Mein Mund blieb zu. Er konnt weder mit gute Worte noch mit irchendwelche Versprechunge mich dezu beweeche, den Eisestift widder rauszurücke. Mit zusammegepresste Lippe wollt ich nur noch aans: raus hier! Der mittlerweile verzweifelte neue Zahnarzt hatt bei mir kaan Erfolch.

Dann sein letzte Versuch: „Kind, ich verspreche dir, ich tu dir wirklich nicht weh!"

Do hab ich den Mund uffgesperrt, den Eisestift los-
gelosse un gerufe: „Nein, du lügst. Ich glaab dir nit. Die
Oma hat nämlich gesacht, du bist evangelisch."

En Ansichtskaard aus Sankt Petersburg

Bei eme Benefizobend in Hochheim sollt ich vor e paar Jahr des Weihnachtsprogramm mitgestalte. Mei Freundin Angelika war die Veranstalterin un hot mir die Ohrn voll gejammert, die Leut dehte so wenisch Lose kaafe. Debei wärn se mit 2 Mark doch werklich billig. Es wär jo aach for en gud Sach, un so ville Sponsorn hätte ville scheene Geschenke spendiert.

„No ja", saat ich „ich habb zwar mei Lebdedaach noch nix gewonne, abber for en gude Zweck kaaf ich dir nadierlich aach e paar Lose ab. Da, do hoste zeh Makk."

Glücklich drickt se mir fünf klaane Zettelcher in die Hand, wo ich mein Name druff schreibe sollt, die dann in die Lostrommel geworfe worn sin.

Als es mit der Ziehung soweit war, hot mich de Borjemooster uffgefordert, mit ihm zusamme Glicksfee ze spille.

So ebbes macht mer gern. Des macht richtig Spass. Zwanzisch Mol musste mir zwaa abwechselnd in en Zylinder greife, um die Gewinner vorzulese. De letzte Preis war en Gutschein for en Kännche Kaffee mit em Stickelche Kuche bei de feinste Kondidorei am Platz. Abber die erste drei Preise in der Tombola warn werklich interessant. En Dippeset aus Edelstahl, en Mikrowelleherd un de Hauptpreis, uff den se all spekeliert hatte, en interessant Reis: aa Woch for zwaa Persone nach Sankt Petersburch. Russland war zu der Zeit als Urlaubsland noch ziemlich unbekannt un daher reizvoll.

Die Spannung stieg, de Borjemooster hatt de Gewinner von de Mikrowell bekanntgebbe – es war en Mann von übber achtzig – dann hab ich noch emol kräftich im Hut gewiehlt un hab des Los vom Hauptgewinner in de Hand. Ich lese laut vor: „Der Hauptgewinner der Reise nach Sankt Petersburg ist", ich stutze, erkenn die Handschrift und lese zögerlich weiter: „Ulrike Neradt."

Was in dem Moment in mir vorgange is, kann sich kaaner vorstelle. Der ganze Saal hot gejohlt, Alte wie Junge. Die Leit habbe sich schibbelich gelacht. Do hot mer aamol das große Glick, de Hauptpreis ze gewinne, spillt Glicksfee un zieht sich am End aach noch selber. Tja, was sollt ich mache?

Nadierlich hab ich mei Los mit großzügischer Miene beiseit gelehlt un nochemol en annern Name gezooche.

Der übberglickliche Gewinner hot mir dankbar en buntisch Aasichtskaad aus Sankt Petersburch mit „Herzliche Grüße und nochmals vielen Dank für diese unvergessliche Reise" geschickt.

Seit der Zeit spill ich kaa Glücksfee mehr, wenn ich im Vorfeld Lose gekaaft hab. Könnt jo sei, dass ich doch noch emol so en Preis gewinne.

Die Reis nach Sankt Petersburch hab ich allerdings mittlerweile schon hinner mir. Nadierlich nit gewonne, sondern mit harte Euros bezahlt!

DIE NEU KUSSINE

Weihnachtskardde könne manchmol große Auswirkunge habbe.

Vor e paar Jahr kam so en besonnerst kitschig Exemplar aus Amerika in unser Haus geflattert. Übbersetzt stand do in Englisch: „Wir sind sehr glücklich, dass wir über Facebook zu unseren Verwandten nach Deutschland gefunden haben und wünschen Euch ein schönes Weihnachtsfest und ein gutes neues Jahr, Eure Cousine Judy mit Familie aus Amerika."

Kussine Judy? Do war ich abber platt. Was war des for Kussine?

Es hot sich schnell uffgeklärt: Mein Kusseng Hubertus, also de Sohn vom Bruder meines Vadders, hatt übber Facebook tatsächlich Verwandtschaft ausfindig gemacht, die mir bis zum Zeitpunkt noch nit kannte. Nadierlich gehe die Familienbande weit zerick: Mei Ur-Ur-Ur-Großeldern väterlicherseits hatte zwaa Bube, de Ernst un de Willi, von dene de Ernst mein Ururgroßvatter un de Willi de Ururgroßvadder von de Judy war. Wann mer die Linie weiterverfolcht, landet mer irchendwann in de Jetztzeit. Und genau im Sommer 2008 hot die neu Kussine Judy ihrn Besuch bei uns aagekünnischt. Die Amis habbe en ganz anner Familje-traditionsbewusstsein und forsche vill mehr in ihre Ahneschafte erum als mir Deutsche. Kaa Wunner, Amerika is jo aach noch kaa zwaahunnertfuffzig Jahr alt.

Un dann stand se aanes Daachs vor de Dier. Genau an dem Wochenend hatt ich en ganz besonnere Ufftritt: Die „Germania" in Rüdesheim war 125 Jahr alt worn, un ich sollt die „eiserne Lady" in Wort und Lied bei der Welterbefeier darstelle.

So ganz ohne Familjebewusstsein wollt ich nit vor dere neue Verwandtschaft stehe un hab im Keller nach alte Dokumente und Ahnebilder gesucht.

Un do fand ich doch tatsächlich in ner Kist en altes, in Ledder gebunne un mit echtem Goldschnitt verziertes, großes, wertvolles, dickes Notebuch, komponiert von meim Urgroßonkel Ernst H. Seyffardt, dem Bruder von meim Urgroßvatter.

Beim Uffschlaache von de erste Seite hots mer fast de Atem genomme: Dieser Uronkel hatt die Hymne for die Eröffnungsfeier vor 125 Jahr an de Germania komponiert un se dem Kaiser gewidmet. Ob die allerdings domols aach werklich gespillt worn is, kann mer heut nit mehr feststelle. Sicherlich gabs mehr Mussiker, die sich beworbe hatte, bei dem Ereichnis die bassend Mussik zu schreibe.

Abber in dem Moment war mir widder mol klar worn, dass es im Lebe kaa Zufäll gibt. Warum kam die Kussine aus Amerika ausgerechnet zu dem Zeitpunkt zu uns? Un dann: Ich als Germania un de Uronkel als Komponist!

Die „125 Jahr Feier" kam, un bei herrlichem Sommerwetter konnte fast zwaadausend Leut des Spektakel verfolche, des do uff die Freilichtbühn unnerhalb des Denkmals dargebodde worn is. Aach die neu Kussine Judy war debei. Als das unbeschreiblich gigantische Feuerwerk dann bei Dunkelheit losging, stand ich uff meiner Bühne vor dem Monument der Germania ganz allaans uff dem Podest.

Die Mensche stande im Halbkreis an der Mauer unner mir un guckte fasziniert übber die Brüstung in de Himmel übberm Rhei, der jetzt hell erleuchtet vom Gefunkel des Feuerwerks unner uns lag. Un zum erste Mol in meim Lebe hatt ich des Gefühl, dass do obbe mei ganze verbliche Verwandtschaft uff de Wolke sibbe hockt un mir zuwinkt: „Gut gemacht, Meedche!"

Mit de neu Kussine Judy bin ich jetzt nit nur verwandt, sondern aach befreundet. Immer widder schickt se mir neue Bilder und Dokumente übber unser Familie, von dene en Deil vor ville Jahrn nach USA ausgewandert ist. Bei der Geleschenheit hab ich aach erfahrn, dass aaner von de Vorfahren, der damals in Argentinien gelebt hat, sich aus Krefeld aans von de erste Bandoneons hot nachschicke losse. Un seit der Zeit gibt es in Argentinien Tango, gespillt uff dem für die Musikrichtung typische Instrument. Des war de Wilhelm Seyffardt. Der war also sozusaache der Erste, der des Instrument in in Südamerika eigeführt hot. Wer waaß, was sich noch alles rausstellt bei unserer gemeinsamen Famliensuche.

Wann se aach annerst babbele wie mir, ich bin froh, dass ich uff die Art mehr von meiner Familie kennegelernt hab.

Und so könne ganz aafache Weihnachtskardde doch aach en ganz besonneres Geschenk sei.

**Sie lieben Mundart-Bücher? Und Sie lieben Weihnachtsbücher?
Wir haben noch mehr!**

Ulrike Neradt: *Wie en Spatz in de Kniddele*
Hörbuch, 72 Minuten
ISBN 978-3-937782-27-0, 9,90 €

Ulrike Neradt: *Wo is die eebsch Seit?*
ISBN 978-3-937782-26-3, 96 S., Hardcover, 10 S/W-Fotos, 9,90 €

Ulrike Neradt: *Kinner, wie die Zeit vergeht!*
ISBN 978-3-937782-72-0, 96 S., Hardcover, 7 S/W-Fotos, 9,90 €

Hildegard Bachmann: *Quellkartoffele un Hering*
ISBN 978-3-9808383-6-8, 72 S., Broschur, 7,50 €

Hildegard Bachmann: *E ganz ofach Geschicht. Weihnachtliches uff Rhoihessisch*
ISBN 978-3-9808383-3-7, 98 S., Hardcover, 9,80 €

Hildegard Bachmann: *Als ich e Kind noch war*
ISBN 978-3-9808943-2-6, 92 S., Hardcover, 34 S/W-Fotos, 11,50 €

Hildegard Bachmann: *Wonn's en Has war, war's en Has*
ISBN 978-3-937782-48-5, 96 S., Hardcover, 9,90 €

Hildegard Bachmann: *Ebbes Feinesje un onnern Geschichte*
ISBN 978-3-937782-59-1, 96 S., Hardcover, 9,90 €

Hildegard Bachmann: *Heilichobend dehaam. Weihnachtliches uff Rhoihessisch*
ISBN 978-3-937782-75-1, 96 S., Hardcover, 9,90 €

Volker Gallé, Angelika Schulz-Parthu (Hg.): *Das kleine rheinhessische Weihnachtsbuch*
ISBN 978-3-937782-34-8, 96 S., Hardcover, 9,90 €

Das kleine Rheingauer Weihnachtsbuch
ISBN 978-3-937782-20-1, 96 S., Hardcover, 9,90 €

Hartmut Keil: *Rheinhessisches Mundart-Lexikon*
ISBN 978-3-937782-83-6, 214 S., Hardcover, 19,90 €

Rosemarie John-Hain: *Mit de Zeit. Gedichte in rheinhessischer Mundart*
ISBN 978-3-937782-00-3, 104 S., Hardcover, 11,90 €

Rudi Henkel: *Meenzer Weihnacht*
3., erweiterte Auflage: Mit 6 neuen Texten!!
ISBN 978-3-937782-53-9, 96 S., Hardcover, 9,90 €

**Leinpfad Verlag:
Der kleine Verlag mit dem großen regionalen Programm!**
Leinpfad Verlag, Leinpfad 5, 55218 Ingelheim,
Tel. 06132/8369, Fax: 896951, www.leinpfadverlag.com
info@leinpfadverlag.de